ACCESO GRATIS ***a la Lectura en la Nube***

Para visualizar el libro electrónico en la nube de lectura envíe junto a su nombre y apellidos una fotografía del código de barras situado en la contraportada del libro y otra del ticket de compra a la dirección:

ebooktirant@tirant.com

En un máximo de 72 horas laborales le enviaremos el código de acceso con sus instrucciones.

PREVENCIÓN DE LAVADO DE DINERO EN INSTITUCIONES DE TECNOLOGÍA FINANCIERA

PREVENCIÓN DE LAVADO DE DINERO EN INSTITUCIONES DE TECNOLOGÍA FINANCIERA

FRANKLIN MARTÍN RUIZ GORDILLO
MARCELO FLORES SERNA

FLORES SERNA
& ASOCIADOS.

tirant lo blanch
Ciudad de México, 2024

En caso de erratas y actualizaciones, la Editorial Tirant lo Blanch México publicará la pertinente corrección en la página web www.tirant.com/mex.

Este libro será publicado y distribuido internacionalmente en todos los países donde la Editorial Tirant lo Blanch esté presente.

Colección:
"Corrupción, crimen organizado y delincuencia económica"

Dirigida por:
NICOLÁS RODRÍGUEZ-GARCÍA
Catedrático de Derecho Procesal - Universidad de Salamanca

© EDITA: TIRANT LO BLANCH
DISTRIBUYE: TIRANT LO BLANCH MÉXICO
Av. Tamaulipas 150, Oficina 502
Hipódromo, Cuauhtémoc, 06100 Ciudad de México
Tel: +52 1 55 65502317
infomex@tirant.com
www.tirant.com/mex/
www.tirant.es
ISBN: 978-84-1197-838-5
MAQUETA: Tink Factoría de Color

Si tiene alguna queja o sugerencia, envíenos un mail a: *atencioncliente@tirant.com*. En caso de no ser atendida su sugerencia, por favor, lea en *www.tirant.net/index.php/empresa/politicas-de-empresa* nuestro procedimiento de quejas.

Responsabilidad Social Corporativa: http://www.tirant.net/Docs/RSCTirant.pdf

ÍNDICE

Capítulo III
PUNTOS EQUIPARABLES DE LA LEY FINTECH EN MATERIA DE LAVADO DE DINERO

Capítulo IV
DISEÑO DE ESTRATEGIAS DE PREVENCIÓN DE LAVADO DE DINERO A PARTIR DE LA LEY FINTECH

Capítulo V
MECANISMOS DE PREVENCIÓN DE ACTIVIDADES VULNERABLES QUE DEBEN ATENDER LAS FINTECH EN FAVOR DEL CUMPLIMIENTO NORMATIVO

Capítulo VI
DISEÑO DE UN DEPARTAMENTO QUE PREVENGA DELITOS FINANCIEROS EN LA PERSONA JURÍDICA

PRESENTACIÓN

En un mundo donde la tecnología y las finanzas convergen de manera constante, la prevención del lavado de dinero se ha convertido en un desafío crucial para gobiernos, reguladores, y empresas por igual. La innovación financiera, impulsada en gran parte por las Fintech, ha revolucionado la forma en que gestionamos nuestro dinero y realizamos transacciones. Sin embargo, junto con esta revolución financiera, surge una amenaza latente: el lavado de dinero, una práctica ilegal que socava la integridad de los sistemas financieros y la confianza en las instituciones.

El libro que tienes en tus manos, es una obra que emerge como una guía fundamental en este nuevo paradigma financiero. Escrito por expertos en la materia, proporciona una visión profunda y esencial sobre cómo las empresas Fintech pueden cumplir con las regulaciones y prevenir el lavado de dinero de manera efectiva.

La Ley Fintech, un hito regulatorio que ha sentado las bases para el florecimiento de la innovación financiera, es el punto de partida para este libro. Los autores desglosan las implicaciones de esta ley en detalle, brindando una visión clara de las obligaciones y responsabilidades de las empresas de tecnología financiera en lo que respecta a la prevención del lavado de dinero.

Esta obra ofrece una perspectiva global, analizando cómo diferentes países han abordado este desafío, lo que permite a los lectores comprender las variaciones regionales y las mejores prácticas a nivel internacional. Es una lectura esencial tanto para aquellos que operan en el mundo de las Fintech como para los reguladores y profesionales del cumplimiento, ya que proporciona un enfoque integral para abordar un problema que es vital para la integridad y la sostenibilidad de los mercados financieros modernos.

En un momento en que la tecnología y las finanzas se entrelazan más que nunca, la prevención del lavado de dinero se convierte en un imperativo moral y legal. Los autores de este libro ofrecen una brújula para navegar en este nuevo paisaje, garantizando que la innovación y la integridad puedan coexistir.

Con profundo conocimiento y experiencia en el campo, se ha tejido un tapiz informativo que aborda tanto los aspectos jurídicos como los técnicos de la prevención del lavado de dinero en el contexto Fintech. Con una claridad admirable, desmenuza los conceptos legales complejos y los traduce en consejos y recomendaciones prácticas que serán invaluables para aquellos que buscan cumplir con las regulaciones, proteger a sus clientes y salvaguardar la integridad de sus operaciones.

A medida que la tecnología sigue avanzando y las fronteras entre lo físico y lo digital se desdibujan, la prevención del lavado de dinero se convierte en una tarea aún más crucial. Este libro proporciona las herramientas necesarias para enfrentar este desafío, al tiempo que impulsa el desarrollo de un ecosistema financiero más seguro y transparente.

La lectura de la presente obra no solo será de gran interés para profesionales del sector, reguladores y académicos, sino también para cualquier persona que desee comprender cómo la tecnología está dando forma al futuro de las finanzas y cómo se pueden garantizar prácticas éticas y conformidad con las regulaciones en este emocionante nuevo mundo financiero.

Sin duda es una contribución valiosa a la literatura en un momento en que la convergencia de la tecnología y las finanzas exige una comprensión más profunda y un compromiso más firme con la integridad financiera. Invito al lector a adentrarse en estas páginas con mente abierta y disposición para aprender, porque la prevención del lavado de dinero en el mundo Fintech es un desafío que no podemos darnos el lujo de pasar por alto.

Dr. Ramón García Gibson

PRÓLOGO

Tuvimos la oportunidad de conocer al Mtro. Franklin Martín Ruiz Gordillo entusiasta y destacado jurista en su examen para la obtención del grado de especialista en prevención de lavado de dinero, otorgado por la institución más importante y prestigiada de México en materia penal, el **INACIPE.**

La pasión del Mtro. Franklin Martín Ruiz Gordillo por los temas de actualidad jurídica lo han llevado a desarrollar el trabajo que nos ha honrado en prologar y es que definitivamente el lavado de dinero es uno de los temas de mayor preocupación a nivel internacional, pues las cantidades de dinero que provienen de actividades ilícitas son tan exorbitantes que los grupos delictivos a nivel mundial pueden literalmente poner en jaque a los Estados a través del financiamiento al terrorismo, principal conducta delictiva que se encuentra contemplada en todos los instrumentos internacionales relacionados al combate a la delincuencia organizada, lavado de dinero y corrupción.

Consideremos que el principal objetivo de las organizaciones delictivas tiene que ver con aspectos económicos, lo que tendría que ser el punto neurálgico del verdadero combate a la delincuencia organizada; materia en la cual se vislumbran los conocimientos y experiencia exhibida del Dr. Marcelo Flores Serna, agente especializado en materia fiscal debido al cambio constante que caracteriza esta área, y de la continua evolución a partir de los criterios de la autoridad, por lo que es fiel mediador de las operaciones entre el Estado y los contribuyentes, pensando en la situación individual de cada uno de sus representados, quienes muchas veces no persiguen evadir la carga tributaria, sino medidas más plausibles que se ajusten a la capacidad de cumplirlas; haciéndolo acreedor de una buena reputación en el contexto fiscal mexicano, situación que se ve reflejada en la presente obra.

Como es sabido, el tema de lavado de dinero no es actual, pero el término de "lavado" se remonta a la época del mafioso judío Meyer Lansky, que operaba en los Estados Unidos de América, junto a Charles «Lucky Luciano» quien fuera uno de los principales referentes del crimen organizado de los Estados Unidos durante las primeras décadas del siglo XX.

Ellos crearon en Nueva York toda una cadena de "lavaderos" que servían para blanquear los fondos provenientes de la explotación de casinos ilegales.

Bastaba con poner las cantidades importantes de efectivo que recogían gracias a sus casinos dentro de la caja de sus cadenas de *"lavadores"* y así podían ingresar esos fondos dentro del circuito bancario.

En la actualidad el lavado de dinero se ha vuelto un tema más complejo de investigar, pues apoyados en una ingeniaría financiera se implementan un conjunto de múltiples procedimientos tendientes a esconder o disfrazar la existencia, fuente ilegal, movimientos, destino o uso de recursos producto de actividades ilícitas, para hacerlos aparentar legítimos.

Involucrando la ubicación de fondos en el sistema financiero, la estructuración de transacciones para disfrazar el origen, propiedad y ubicación de esos recursos y la integración de los mismos en la sociedad en forma de bienes que tienen la apariencia de legitimidad.

Por esa razón el libro que nos presenta el Mtro. Franklin Martín Ruiz Gordillo y el Doctor Marcelo Flores Serna es de gran aportación, pues el uso de la tecnología no solo está sirviendo para generar mejores condiciones de vida a la humanidad, sino que está siendo aprovechada por las organizaciones delictivas para abrir nuevos escenarios de antijuridicidad.

La **LEY PARA REGULAR LAS INSTITUCIONES DE TECNOLOGÍA FINANCIERA** con la que cuenta el Estado Mexicano busca cerrar los causes en donde el sistema financiero se vea puesto en peligro por el uso de la tecnología, tal y como puede apreciarse en los siguientes artículos de la legislación mencionada:

> ***Artículo 1.–*** *La presente Ley es de orden público y observancia general en los Estados Unidos Mexicanos y tiene por objeto regular los servicios financieros que prestan las instituciones de tecnología financiera, así como su organización, operación y funcionamiento y los servicios financieros sujetos a alguna normatividad especial que sean ofrecidos o realizados por medios innovadores.*

> ***Artículo 2.*** *– Esta Ley está basada en los principios de inclusión e innovación financiera, promoción de la competencia, protección al consumidor, preservación de la estabilidad financiera,* ***prevención de operaciones ilícitas*** *y neutralidad tecnológica. Dichos principios deben ser respetados por todos los sujetos obligados por esta Ley, respecto de su operación, así como las Autoridades Financieras al ejercer sus facultades.*

Ahora bien, estimo importante precisar que las operaciones con recursos de procedencia ilícita y el lavado de dinero no son sinónimos, aún y cuando tengan una estrecha relación, no todo el recurso que proviene de las actividades ilícitas tiene como finalidad generar la apariencia de legalidad, sobre todo en sociedades donde la constante es la economía ilegal.

Las operaciones con recursos de procedencia ilícita no solo se presentan con grandes cantidades de dinero, sino en esas actividades que permiten que las economías informales generen condiciones de sobrevivencia para las personas.

Esta confusión no solo ha sido motivada por doctrinarios, sino por los propios tribunales federales, que replican conceptos y definiciones, sin reflexionar sobre la naturaleza jurídica del artículo 400 bis del Código Penal Federal, como en la tesis* siguiente que a guisa de ejemplo se cita:

> **LAVADO O BLANQUEO DE CAPITALES. SU CONCEPTO.**
> **Registro digital:** 2018000
> **Instancia:** Tribunales Colegiados de Circuito
> **Décima Época**
> **Materia(s):** Administrativa
> **Tesis:** I.4o.A.126 A (10a.)
> **Fuente:** Gaceta del Semanario Judicial de la Federación.
> Libro 58, Septiembre de 2018, Tomo III, página 2396
> **Tipo:** Aislada
>
> **El lavado de capitales**, también conocido como **blanqueo de dinero**, de **activos u operaciones con recursos de procedencia ilícita**, ***es el conjunto de mecanismos, prácticas o procedimientos orientados a dar apariencia de legitimidad o legalidad a bienes o activos de origen ilícito.*** Como lo señala la doctrina en general, es la acción de encubrir el origen ilícito del producto de actividades ilegales, como el tráfico de drogas, armas, terrorismo, etcétera, para aparentar que proviene de actividades lícitas y

pueda incorporarse y circular por el sistema económico legal. Sobre este aspecto, el Grupo de Acción Financiera Internacional —GAFI— define el blanqueo de capitales como la conversión o transferencia de propiedad, a sabiendas de que deriva de un delito, con el propósito de esconder o disfrazar su procedencia ilegal o ayudar a cualquier persona involucrada en la comisión del delito a evadir las consecuencias legales de su acción. Esto es, **involucra la ubicación de fondos en el sistema financiero, la estructuración de transacciones para disfrazar el origen, propiedad y ubicación de los fondos y su posterior integración a la sociedad en forma de bienes que tienen la apariencia de legítimos.**

El reproche jurídico penal de las operaciones con recursos de procedencia ilícita contemplado en el artículo 400 bis del Código Penal Federal es la puesta en peligro de un bien jurídico colectivo y no solo el daño al sistema financiero, ni mucho menos al sistema fiscal específicamente, pues ellos tienen sus propios tipos penales en sus correspondientes ordenamientos, que reprochan conductas que ponen en peligro o dañan los bienes jurídicos atingentes.

Sobre este rubro es atendible la referencia que sea hace en la siguiente tesis* sobre la evolución de la protección de bienes jurídicos referente a las operaciones con recursos de procedencia ilícita:

OPERACIONES CON RECURSOS DE PROCEDENCIA ILÍCITA. PARA ACREDITAR EL CUERPO DE ESTE DELITO PREVISTO EN EL ARTÍCULO 400 BIS DEL CÓDIGO PENAL FEDERAL, BASTA CON QUE NO SE DEMUESTRE LA LEGAL PROCEDENCIA DE ÉSTOS Y EXISTAN INDICIOS FUNDADOS DE SU DUDOSA PROCEDENCIA.

Registro digital: 2011634

Instancia: Tribunales Colegiados de Circuito

Décima Época

Materia(s): Penal

Tesis: I.9o.P.112 P (10a.)

Fuente: Gaceta del Semanario Judicial de la Federación.

Libro 30, Mayo de 2016, Tomo IV, página 2821

Tipo: Aislada.

De la evolución histórica del delito de **operaciones con recursos de procedencia ilícita,** previsto en el artículo **400 Bis del Código Penal Federal,** y los compromisos contraídos por los Estados Unidos Mexicanos en diversas reuniones internacionales, entre ellas, la Convención de las Naciones Unidas contra el Tráfico Ilícito de Estupefacientes y Sustancias Psicotrópicas (Convención de Viena de 1988), la Convención de las Naciones Unidas contra la Delincuencia Organizada Transnacional (Convención de Palermo) y el Grupo de Acción Financiera Internacional (GAFI), ***la tutela a los bienes jurídicos protegidos ha sido ampliada***, porque aun cuando el

> nacimiento formal de la figura típica tuvo como detonante el narcotráfico y la delincuencia organizada; sin embargo, el desarrollo de las conductas criminales ha rebasado el pensamiento del legislador al momento de su creación; de ahí que en la actualidad, entre otros, ***comprenda la salud pública, la vida, la integridad física, el patrimonio, la seguridad de la Nación, la estabilidad y el sano desarrollo de la economía nacional, la libre competencia, la hacienda pública, la administración de justicia y la preservación de los derechos humanos.*** Por tanto, para acreditar el cuerpo del delito de referencia, no es imprescindible probar la existencia de un tipo penal diverso o que los recursos provengan del narcotráfico o de la delincuencia organizada, sino que basta con que no se demuestre la legal procedencia de los bienes y existan indicios fundados de su dudosa procedencia para colegir la ilicitud de su origen.

La obra del **Mtro. Franklin Martín Ruiz Gordillo y del Dr. Marcelo Flores Serna** tiene como aportación que sentará las bases para que en el ámbito académico y en el ejercicio profesional se reflexione, se debata, se disienta o se reafirmen ideas que abonen al mejoramiento del marco jurídico ante esta nueva realidad, donde las herramientas tecnológicas ayudan a la realización de actos jurídicos relacionados con el dinero.

Dr. Sergio Suárez Daza
Ciudad de México, Octubre de 2023

Capítulo I
MARCO JURÍDICO CONTEXTUAL DEL LAVADO DE DINERO EN MÉXICO

En este primer capítulo, se identifican y describen las condiciones jurídicas actuales relacionadas con el Lavado de Dinero en México, el cual es reconocido en la legislación como "Operaciones con Recursos de Procedencia Ilícita", tipificadas en los artículos 400 Bis y Bis1 del Código Penal Federal.

1.1. TIPIFICACIÓN DEL ARTÍCULO 400 BIS Y 400 BIS 1 DEL CÓDIGO PENAL FEDERAL

Para Cardozo, en nuestra sociedad contemporánea, conviven dos esferas, una que es la legal o formal y otra la ilegal o informal; a pesar de ser dos ámbitos totalmente contrarios, no solamente coexisten, sino que además están intercomunicados.[1] La interconexión entre estos dos ámbitos plantea un gran problema, ya que las ventajas son unidireccionales. Los participantes que actúan dentro de la legalidad se ven perjudicados por la existencia de esta esfera criminal, que podría subsistir sin depender de ellos. La esfera criminal necesita el mundo legal, ya que sus miembros deben habitar en él para gozar de las ventajas que ofrece, como la protección de la propiedad privada, seguridad jurídica y ayuda social.

Ángel señala que el lavado de dinero representa para el PIB un promedio del 0.56% al 2.58%, aunque el blanqueo de recursos en México, en contraste se ha incrementado año con año, según los datos del INEGI, la Secretaría de Hacienda, revelan que la dimensión del dinero que se lava hoy, representa casi el 2% del PIB, mientras que en

---

1 Cardozo López, María Jesús. 2013. Blanqueo de capitales: Técnicas de blanqueo y relación con el sistema tributario. Madrid. Escuela de la Hacienda Pública del Instituto de estudios Fiscales, p. 47.

la década de los 90 era del 0.5% se blanqueaban al menos doscientos mil millones de pesos anuales; entre dos mil doce y dos mil trece, según los informes de Gobierno (2012-2018), se iniciaron doscientas cuatro averiguaciones por lavado de dinero, de las cuales se consiguieron consignar 75, en proporción, es una actividad del 36% entre casos abiertos y los resueltos; para julio de 2014, el porcentaje de los casos consignados, bajó un 30%, y para julio de 2015, fue del 27%, cayendo por debajo del 20% usual, lo que significa que el 80% de las investigaciones iniciales del último año por lavado de dinero, no han sido consignadas, es decir, enviadas ante un Juez con la identificación de los probables responsables.[2]

Este fenómeno, en la historia moderna, ha experimentado un evidente crecimiento. Las actividades ilícitas están en aumento debido a la falta de una estrategia pública efectiva y las facilidades otorgadas, especialmente, a los narcotraficantes, que han escalado al siguiente nivel, dando lugar al denominado crimen organizado. Además, se observa un exagerado saqueo institucional por parte de funcionarios y gobernantes públicos en toda la república, siendo más notorio en el ámbito de la federación, que maneja el mayor presupuesto

La creación y fortalecimiento de la Unidad de Inteligencia Financiera (UIF) de la Secretaría de Hacienda y Crédito Público ha otorgado facultades y posibilidades significativas en la persecución del delito de lavado de dinero. Mediante diversas disposiciones, estas acciones se aplican tanto a entidades financieras como a actividades no financieras consideradas vulnerables. Esto ha fortalecido las autoridades reguladoras y supervisoras, entre otras, dejando en evidencia el compromiso de la Secretaría de Hacienda y Crédito Público en proteger el interés fiscal y combatir los ingresos ilícitos que intentan blanquearse. A pesar de estos esfuerzos, el fenómeno del lavado de dinero sigue avanzando a pasos agigantados en la historia moderna, este artículo400 Bis tipifica el delito de Operaciones con Recursos de Procedencia Ilícita (ORPI) al señalar:

---

2 Ángel, Arturo. 2016. México falla en el combate al lavado de dinero: 80% de las investigaciones están sin resolver. https://www.animal politico.com/2016/09/combate-al-lavado-dinero-mexico-pierde-recursos-eficacia-sin-resolver-mas-del-80-los-casos/. Recuperado el día 09 de Noviembre de 2021.

Artículo 400 Bis. *Se impondrá de cinco a quince años de prisión y de mil a cinco mil días multa al que, por sí o por interpósita persona realice cualquiera de las siguientes conductas:*

I. Adquiera, enajene, administre, custodie, posea, cambie, convierta, deposite, retire, dé o reciba por cualquier motivo, invierta, traspase, transporte o transfiera, dentro del territorio nacional, de éste hacia el extranjero o a la inversa, recursos, derechos o bienes de cualquier naturaleza, cuando tenga conocimiento de que proceden o representan el producto de una actividad ilícita, o

II. Oculte, encubra o pretenda ocultar o encubrir la naturaleza, origen, ubicación, destino, movimiento, propiedad o titularidad de recursos, derechos o bienes, cuando tenga conocimiento de que proceden o representan el producto de una actividad ilícita.

Para efectos de este Capítulo, se entenderá que son producto de una actividad ilícita, los recursos, derechos o bienes de cualquier naturaleza, cuando existan indicios fundados o certeza de que provienen directa o indirectamente, o representan las ganancias derivadas de la comisión de algún delito y no pueda acreditarse su legítima procedencia.

En caso de conductas previstas en este Capítulo, en las que se utilicen servicios de instituciones que integran el sistema financiero, para proceder penalmente se requerirá la denuncia previa de la Secretaría de Hacienda y Crédito Público.

Cuando la Secretaría de Hacienda y Crédito Público, en ejercicio de sus facultades de fiscalización, encuentre elementos que permitan presumir la comisión de alguno de los delitos referidos en este Capítulo, deberá ejercer respecto de los mismos las facultades de comprobación que le confieren las leyes y denunciar los hechos que probablemente puedan constituir dichos ilícitos.

El lavado de capitales o activos, también conocido como operaciones con recursos de procedencia ilícita o ilegítima, consiste en convertir fondos obtenidos a través de actividades ilícitas en recursos aparentemente lícitos, para que circulen sin problemas en el sistema monetario o financiero de una región. El artículo 400 Bis aborda el delito de encubrir el origen y la propiedad de ganancias provenientes de actividades ilícitas. El objetivo es evitar la confiscación de esos fondos criminales, ya que la falta de prevención del lavado permite que los criminales retengan los fondos o los reciclen para financiar crímenes futuros.

El lavado de dinero se origina como una operación ilícita y representa un elemento clave en este delito. Enmascara el origen de fondos generados mediante actividades ilegales o criminales, que pueden incluir el tráfico de drogas, el contrabando de armas, la corrupción gubernamental, el fraude, la prostitución, la extorsión, la piratería, el terrorismo y otros delitos, y generalmente se realiza a todos los niveles.

La operación de lavado de dinero busca que el capital ilícito aparezca como fruto de actividades lícitas para que circule sin problemas. El último párrafo del artículo es relevante, ya que señala a la Secretaría de Hacienda y Crédito Público como la entidad que puede presumir la comisión de alguno de estos delitos y desarrollar el requisito de procedibilidad El artículo 400 Bis 1 es un complemento del 400 Bis, pues señala que:

> ***Artículo 400 Bis 1.*** *Las penas previstas en este Capítulo se aumentarán desde un tercio hasta en una mitad, cuando el que realice cualquiera de las conductas previstas en el artículo 400 Bis de este Código tiene el carácter de consejero, administrador, funcionario, empleado, apoderado o prestador de servicios de cualquier persona sujeta al régimen de prevención de operaciones con recursos de procedencia ilícita, o las realice dentro de los dos años siguientes de haberse separado de alguno de dichos cargos.*
>
> *Además, se les impondrá inhabilitación para desempeñar empleo, cargo o comisión en personas morales sujetas al régimen de prevención hasta por un tiempo igual al de la pena de prisión impuesta. La inhabilitación comenzará a correr a partir de que se haya cumplido la pena de prisión.*
>
> *Las penas previstas en este Capítulo se duplicarán, si la conducta es cometida por servidores públicos encargados de prevenir, detectar, denunciar, investigar o juzgar la comisión de delitos o ejecutar las sanciones penales, así como a los ex servidores públicos encargados de tales funciones que cometan dicha conducta en los dos años posteriores a su terminación. Además, se les impondrá inhabilitación para desempeñar empleo, cargo o comisión hasta por un tiempo igual al de la pena de prisión impuesta. La inhabilitación comenzará a correr a partir de que se haya cumplido la pena de prisión.*
>
> *Asimismo, las penas previstas en este Capítulo se aumentarán hasta en una mitad si quien realice cualquiera de las conductas previstas en el artículo 400 Bis, fracciones I y II, utiliza a personas menores de dieciocho años de edad o personas que no tienen capacidad para comprender el significado del hecho o que no tiene capacidad para resistirlo*

Las personas que ejerzan como consejeros, analizadores, funcionarios, empleados, apoderados o prestadores de servicio de entidades sujetas al régimen de prevención de operaciones con recursos de procedencia ilícita, o que hayan ocupado esos cargos en los dos años anteriores, y que hayan llevado a cabo las conductas señaladas en el artículo 400 Bis, como adquirir, enajenar, administrar, custodiar, poseer, cambiar, convertir, depositar, retirar, dar o recibir recursos, ya sea dinero, ingresos, derechos o bienes de cualquier naturaleza, sabiendo que proceden de una actividad ilícita, serán sancionadas.

Si estas conductas son realizadas por servidores públicos encargados de prevenir, detectar, denunciar o juzgar delitos, o por ex-servidores públicos que hayan tenido esas funciones, y lo hacen después de dos años de haber dejado su cargo, se les impondrá una sanción duplicada, además de la inhabilitación para desempeñar empleos o cargos públicos. El artículo 400 Bis 1 del Código Penal Federal también agrava la pena para aquellos que realicen operaciones con recursos de procedencia ilícita y utilicen a personas menores de edad o incapaces para llevar a cabo dichas operaciones ilícitas

1.2. CONTEXTO DE LA RELACIÓN ENTRE EL LAVADO DE DINERO Y LOS DELITOS FISCALES EN LA LEGISLACIÓN MEXICANA

En general, la defraudación fiscal está detallada en distintos artículos del Código Fiscal de la Federación, abarcando desde el artículo 108 al 115. El tipo genérico que describe la conducta de defraudación fiscal se encuentra en los dos primeros párrafos del artículo 108 del Código Fiscal de la Federación, los cuales dicen textualmente:

> ***Artículo 108.*** *Comete el delito de defraudación fiscal quien con uso de engaños o aprovechamiento de errores, omita total o parcialmente el pago de alguna contribución u obtenga un beneficio indebido con perjuicio del fisco federal.*
>
> *La omisión total o parcial de alguna contribución a que se refiere el párrafo anterior comprende, indistintamente, los pagos provisionales o definitivos o el impuesto del ejercicio en los términos de las disposiciones fiscales.*

La conducta de defraudación fiscal es clásica y se caracteriza por el uso de engaños o la explotación de errores con el claro objetivo de omitir total o parcialmente el pago de alguna contribución o de obtener beneficios indebidos en perjuicio del fisco federal.

La omisión total o parcial de alguna contribución, ya sea en pagos provisionales o definitivos, o el impuesto del ejercicio, según lo establecido en la disposición fiscal, representa las obligaciones generadas por la relación fiscal entre los ciudadanos y el fisco federal. Es en este punto donde se deben considerar ciertas situaciones de procedimiento fiscal contra aquellas personas que lleven a cabo conductas de defraudación.

Al respecto, Eduardo Johnson considera una teoría sobre la precisión fiscal, basada en un equilibrio entre la presión fiscal y la justicia fiscal; ésta teoría la basa en tres ideas como son:

a) La estructura jurídica del poder tributario del Estado;
b) La incidencia económica que las contribuciones tienen en los contribuyentes;
c) La coercitividad que el estado puede ejercer sobre el incumplimiento de las obligaciones del contribuyente.[3]

Evidentemente que considerando ésta teoría del autor citado, se estará presente ante una conducta que por demás tiene que ser dolosa. Ya que ésta conducta se basa en dos vertientes como son:

- El uso de engaños o
- El aprovechamiento de errores

En lo que se refiere a la materia del lavado de dinero, ya se ha analizado la fracción primera del Artículo 400 bis del Código Penal Federal que dice a la letra:

> *I. Adquiera, enajene, administre, custodie, posea, cambie, convierta, deposite, retire, dé o reciba por cualquier motivo, invierta, traspase, transporte o transfiera, dentro del territorio nacional, de éste hacia el extranjero o a la inversa, recursos, derechos o bienes de cualquier naturaleza, cuando tenga conocimiento de que proceden o representan el producto de una actividad ilícita, o*

El lavado de dinero denota diversas conductas, como adquirir, enajenar, administrar, custodiar, poseer, cambiar, convertir, y otras mencionadas en el párrafo citado, que se realizan tanto dentro del te-

---

[3] Johnson Okhuysen, Eduardo. 2013. Equilibrio entre presión fiscal y justicia fiscal. México. Editorial Themis, p. 7.

rritorio nacional como hacia el extranjero, y que involucran recursos, derechos o bienes de cualquier naturaleza. Estas conductas están vinculadas a ingresos, y desde el punto de vista fiscal, se trata de ingresos gravables. Por lo tanto, quien maneje estos recursos, derechos o bienes debe tener conocimiento de que provienen de una actividad ilícita.

Tomemos como ejemplo a una persona que vende discos copiados de manera ilegal, lo que es una actividad ilícita que genera ingresos. En este caso, también se debe considerar la naturaleza de los recursos, derechos o bienes involucrados. González y García aluden a que los recursos significan dinero; son bienes para financiar operaciones o proyectos que las personas tienen y que pueden ser materiales o inmateriales, pero que son aprovechables para un desarrollo financiero, tanto en el plano personal como en el colectivo, ya que en los recursos encontramos los bienes, las riquezas y los medios de subsistencia.[4]

Cuando ocurre una defraudación fiscal basada en el uso de engaños o el aprovechamiento de errores, se presupone que la administración, custodia, posesión, depósito o manejo de dinero, independientemente de su naturaleza, con el conocimiento de que proviene de una actividad ilícita, es suficiente para considerarlo un engaño. Es el ingreso el factor principal en esta conducta, ya que el engaño o el aprovechamiento de errores tiene como objetivo obtener un beneficio indebido o evitar el pago total o parcial de una contribución, lo que incrementa el ingreso del obligado contribuyente que comete la defraudación fiscal.

Además, estas acciones afectan al fisco, ya que se realizan operaciones simuladas para lavar el dinero, lo que genera un daño al erario público. El artículo 108 del Código Fiscal de la Federación (CFF) establece la facultad de decomiso provisional de todos estos ingresos ilícitos:

> *...El delito de defraudación fiscal y el delito previsto en el artículo 400 Bis del Código Penal Federal, se podrán perseguir simultáneamente. Se presume cometido el delito de defraudación fiscal cuando existan ingresos*

---

[4] González Salgado, Oscar y García Nava, José Alberto. 2014. Aprenda a cuidar su dinero: el mundo de las finanzas a su alcance. México. Grupo Editorial Patria, p. 163.

o recursos que provengan de operaciones con recursos de procedencia ilícita..

El delito de defraudación fiscal se presume cuando existen ingresos o recursos provenientes de operaciones con recursos de procedencia ilícita. El lavado de dinero involucra diversas simulaciones y maniobras para ocultar el origen ilícito del dinero. La Secretaría de Hacienda y Crédito Público es la encargada de ejecutar acciones en beneficio del Estado en estos casos. El delito de defraudación fiscal y el previsto en el Artículo 400 Bis del Código Penal Federal pueden perseguirse simultáneamente cuando se comprueba que los ingresos provienen de operaciones ilícitas.

En materia de tributación, las Instituciones de Tecnología Financiera (ITF) aún no cuentan con una regulación particular. Es necesario establecer un régimen que las incluya y realizar modificaciones en las disposiciones existentes para equiparar sus obligaciones, derechos y facilidades con las de las instituciones del sistema financiero tradicional. El análisis de la forma de tributación debe hacerse detalladamente en función de las características de cada entidad o persona física, determinando sus obligaciones tributarias en base a sus particularidades

1.3. ESTUDIO COMPARADO EN MATERIA DE TECNOLOGÍA FINANCIERA

Aunque no se ha realizado un análisis detallado de las Instituciones de Tecnología Financiera y la Ley Fintech, es importante considerar los avances internacionales en esta área. En Chile, aún no hay una regulación específica para el modelo Fintech, pero existe una intención regulatoria expresada en un White Paper[5] elaborado por la CMF. Este documento incluye lineamientos para la regulación del crowdfunding y servicios relacionados, proporcionando un marco genérico para una futura regulación.

---

5 White Paper: Es un informe gubernamental en el que éste hace públicos sus lineamientos acerca de un tema en particular, y tiene como objetivo, ayudar a la toma de decisiones por parte de las personas o entidades a quienes está dirigida.

Otro país Latinoamericano es Colombia, quien Por último, Colombia quien aún trabaja en una nueva ley de TIC para modernizar el sector de tecnología de la información en el país; de esta manera poder mejorar el acceso a Internet e impulsar la economía digital; en abril de 2018, la Superintendencia Financiera de Colombia (SFC) presentó el programa "InnovaSFC", que implementó tres modalidades para trabajar en los procesos de innovación financiera denominados el Hub, la Arenera y una regtech. Asimismo, en diciembre de 2018, la Unidad de Regulación Financiera (URF) publicó, mediante el Ministerio de Hacienda y Crédito Público, el Decreto 2443 de 2018 (Decreto Fintech), que permite a las entidades financieras poseer acciones de sociedades cuyo objeto social exclusivo sea el de desarrollar y/o aplicar innovaciones financieras para sus accionistas. Es decir, se autoriza a los establecimientos de crédito, las sociedades de servicios financieros y las sociedades de capitalización a realizar inversiones en empresas Fintech. A su vez, el crowdfunding (equity y lending) se encuentra regulado bajo el término "Actividad de Financiación Colaborativa" desde el año 2018. Este término comprende a distintas modalidades de financiar un proyecto y excluye a otras modalidades (por ejemplo, préstamos entre particulares).[6]

En 2016 otro de los países que se internó en materia Fintech fue Francia, la Autorité des Marchês Financiers (AMF), creó la división de FinTech, Innovación y Competitividad (FIC), cuyos objetivos según Silva Nava son:

a) Identificación de temas relevantes con respecto a la innovación y competitividad
b) Analizar oportunidades, riesgos y estudiar distintas posiciones que puede asumir la autoridad reguladora
c) Estudiar modificaciones a la regulación en la materia

6 Weidenslaufer, Christine. 2020. Regulación de Fintech en Chile y Colombia. Asesoría Técnica Parlamentaria. Chile. Biblioteca del Congreso Nacional de Chile, p. 5.

d) Representar a la AMF en cualquier proceso de innovación que pudiera desarrollarse.[7]

En el caso de España, la Ley de Fomento de la Financiación Empresarial publicada en 2015, tiene en sus haberes un apartado especial para la regulación de las plataformas de financiación participativa, regulando las figuras en las que prevalece la recepción de ganancias derivado de la participación por parte del inversionista, es decir, que prevalezca el componente financiero de la actividad.

En China, a principios de 2016 se conoció un fraude que afectó a miles de inversionistas, una plataforma de P2P[8] más grandes y de mayor crecimiento de ese país, operando en un esquema piramidal (que es otra de las formas más comunes de fraude a través de las que organizaciones delictivas generan ingresos ilegales) aprovecharon la falta de regulación en materia Fintech. Debido a esto, en China se regulan estas plataformas de préstamo P2P, que requieren de una autorización para operar, sin embargo, no existen requerimientos de capital mínimo.

Otro país es Singapur, que en 2015 constituyó el Financial Technology Innovation Group, como órgano encargado del desarrollo de políticas y estrategias para facilitar el uso de la tecnología e innovación, y de esta manera mejorar la gestión de riesgos, la eficiencia y competitividad de este sector. Finalmente, el Parlamento Europeo, emitió una resolución en 2017 sobre la influencia de la tecnología en el futuro del sector financiero, indicando que la regulación debe estar apegada a tres principios:

a) Mismos servicios y mismos riesgos, misma regulación
b) Neutralidad tecnológica
c) Enfoque basado en riesgos.

---

7 Silva Nava, Aarón. 2017. La evolución del sector Fintech modelo de negocios, regulación y retos. México. Fundación de Estudios Financieros, p. 15.

8 Las plataformas punto a punto sirven los préstamos y reciben pagos de los prestatarios. Entonces el pago recibido se divide proporcionalmente de acuerdo con el monto de la inversión entre todos los inversores que han invertido en el préstamo particular.

Así como el Reino Unido y Singapur, recomienda alentar la innovación mediante esquemas de Regulatory Sandbox, o periodos de transición regulatoria. Enfatizando la necesidad de seguridad en comercio electrónica, desarrollo de habilidades del mercado en el manejo de herramientas digitales y la seguridad cibernética. Latinoamérica es conocida por su nivel de narcotráfico, y corrupción en los gobiernos lo que genera grandes paraísos fiscales frente a baja supervisión, a pesar de ello, México se alza como uno de los pioneros en esta materia, incluso Estados Unidos carece en la actualidad de legislación enfocada en materia de Open Banking.[9] Una de las características de las tecnologías es que su ritmo creciente es constante y rápido, lo que hace que existan interrogantes desde el punto de vista regulatorio por productos, actores de la industria y servicios que incursionan en el mercado.

En México, para el 9 de Marzo de 2018 se promulgó la Ley para Regular Instituciones de Tecnología Financiera, en esta misma fecha fueron modificadas leyes, incluyendo la Ley de Mercado de Valores y la de Instituciones de Crédito, con la finalidad de incluir actividades relacionadas con las Fintech y hacer dichas leyes coherentes con la nueva legislación, cuyo contexto es analizado en el siguiente inciso.

Hay un elemento común que se evidencia en cada país donde se regula e implementa ya una tecnología financiera, y es el compromiso por la inclusión financiera y el convencimiento de que estos mecanismos son las más adecuadas para alcanzarla, esta industria permite a las empresas la optimización de sus recursos, entre ellas la implementación de estrategias de marketing, las cuales llegan a lugares de difícil acceso y crean un mayor reconocimiento y una alta recordación en el público en general.

Evidentemente que cualquier opción de mejoría en la práctica se orienta a la materia de los activos virtuales, entre ellas sobresale los lineamientos emitidos por GAFI para una mayor regulación sobre las operaciones realizadas en proveedores de servicios de activos

---

9 Open Banking es la posibilidad de crear nuevos negocios y ecosistemas digitales de APIs ofrecidas por los bancos.

virtuales, mismas que el mundo poco a poco va aterrizando a sus regulaciones locales, jurisdicciones como la Unión Europea, Corea del Sur y Estados Unidos han comenzado a implementar dichos lineamientos, que tienen la finalidad de tener conocimiento sobre la identidad tanto del originador como del destinatario de una operación con activos virtuales, por lo que es una oportunidad para México de seguir compartiendo ese título de pionero en regulación de tecnologías financieras.

1.4. LA PREVENCIÓN DEL LAVADO DE DINERO EN MÉXICO PARA FINTECH

Desde 2011, México firmó la Declaración Maya,[10] misma que es impulsado por la Alianza para la Inclusión Financiera, en esta se establecen compromisos para hacerla una política pública en el país y fue el fundamento para la creación del Consejo Nacional de Inclusión Financiera desde 2011, organismo que se encuentra integrado por funcionarios de la Comisión Nacional Bancaria y de Valores, la Secretaría de Hacienda y Crédito Público, así como el Banco de México, encargado de la promoción y desarrollo de políticas estratégicas en el país. Al hablar de este documento, Bañuelos Castro comenta que se establecen seis ejes bajo los que las políticas se desarrollarán:

---

[10] La Declaración Maya, celebrada en septiembre de 2011 en la Riviera Maya de México, es el foro más importante de la Alianza para la Inclusión Financiera (AFI), donde 94 países reconocieron la importancia de la inclusión financiera en el proceso de la erradicación de la pobreza, el empoderamiento de sus pueblos y la mejora de sus sistemas financieros. (The Maya Declaration, 2011).

1.- Desarrollo de conocimientos para el uso eficiente y responsable del sistema financiero de toda la población	•Este eje busca la diseminación de la educación financiera en la población mexicana a través de la coordinación con las instituciones implicadas con la educación en el país.
2.- Uso de innovación tecnológica para la inclusión financiera	•El aprovechamiento de las innovaciones tecnológicas para el fortalecimiento del sistema financiero nacional a través de un marco regulatorio que brinde seguridad y eficiencia a los actores.
3.- Desarrollo de la Infraestructura financiera en zonas desatendidas	•Genera condiciones que favorezcan la cobertura por medio de flexibilidad en los modelos de negocios, recepción de pagos electrónicos, favorecer el desarrollo de intermediarios financieros y la atención a la población de localidades remotas.
4.- Mayor Oferta y uso de servicios financieros formales para la población subatendida y excluida.	•Plantea la sinergia entre instituciones para el fomento del acceso a servicios financieros a mi pymes para así expandir la oferta de servicios e impulsar la actividad económica interna, además de regular el Crowd Founding)
5.- Mayor Confianza en el sistema financiero formal a través de mecanismos de protección al consumidor	•Busca la difusión de mecanismos de protección con los que cuenta el usuario, mecanismos evaluadores de la reputación de las instituciones, actualización de marcos regulatorios para la incorporación de innovaciones tecnológicas en la materia.
6.- Generación de datos y mediaciones para evaluar los esfuerzos de inclusión financiera	•Encuestas y evaluaciones experimentales, mejora de reportes regulatorios, establecimiento de grupos de trabajo con los actores implicados en el proceso de inclusión.

Fuente: Bañuelos Castro, Luis Manuel. 2018. Las regulaciones Fintech del Reino Unido. La estrategia de inclusión financiera para México. México. InterNaciones. pp. 89.

Según Muñoz Conde, el delito, es conceptualizado en la doctrina del derecho penal como la conducta típica, antijurídica, culpable y punible de conformidad con un sistema jurídico vigente.[11] La teoría de la prevención del delito va más allá del estudio cerrado y sistemático de los elementos antes descritos, es compleja y multidisciplinaria,

[11] Muñoz Conde, Francisco. 2017. Teoría General del Delito. México. Tirant lo Blanch, p. 91.

en donde existen posturas económicas, psicológicas, sociológicas e incluso biológicas que buscan explicar e inhibir las conductas delictivas.

Esa naturaleza interdisciplinaria es la que va a permitir problematizar en torno a la teoría de la prevención del delito, contribuyendo al desarrollo integral del individuo. Como consecuencia, se analiza desde este punto de vista la legislación que regula a las instituciones de tecnología financiera (Ley Fintech), así como al delito del Lavado de Dinero, ya que se está generando riqueza a través de violentar el derecho de terceros, ya sea con la venta de narcóticos, trata de blancas, fraudes financieros, etc. mismos que encuentran facilidad de lavado a través de medios como lo son los de transacciones electrónicas.

Es necesaria una prevención del delito de manera que no se ocupen las Fintech como medios de lavado de dinero, ya que las transacciones son instantáneas, no tienen fronteras por lo que el dinero ilícito llega a aquellos países que carecen o tienen escasa regulación anti-lavado; el impacto del uso de la tecnología dificulta a las autoridades el seguimiento de operaciones con recursos de procedencia ilícita, ya que estas operaciones de lavado son realizadas a través del uso de tarjetas inteligentes, el uso del internet no encuentra límites en materia de ocultar la identidad de quien hace o lo está utilizando para actividades ilícitas.

1.5. ESTRUCTURA Y OBJETIVOS DE LA LFPIORPI

Los objetivos de la ley conforme al Artículo 2 de la propia legislación son:

1. Proteger el Sistema Financiero Mexicano y la economía Nacional.
2. Establecer medidas y procedimientos para prevenir y detectar actos y operaciones que involucren recursos de procedencia ilícita.
3. Establecer la coordinación interinstitucional, que tenga como fines recabar elementos útiles para investigar y perseguir delitos de operaciones con recursos de procedencia ilícita.

4. Establecer estructuras financieras de las organizaciones delictivas y evitar el uso de los recursos para su financiamiento.

De acuerdo con la legislación, los objetivos principales no se centran en perseguir directamente el lavado de dinero, sino en establecer elementos útiles para investigar, detectar y prevenir el delito de operaciones con recursos de procedencia ilícita. En consecuencia el bien jurídico tutelado que previene toda ésta legislación, principalmente es el generar una protección al Sistema Financiero, ya que como entidad endeble que realiza una actividad vulnerable, debe y tiene que estar debidamente controlado en la gran mayoría de sus operaciones.

Las entidades financieras no solamente las que establece la Ley de Instituciones de Crédito, sino las que se crean en; la Ley de Organizaciones y Actividades Auxiliares de Crédito, así como la Ley de Uniones de Crédito, la de Ahorro y Crédito Popular, las Legislaciones para regular las Actividades de las Sociedades Cooperativas de Ahorro y Préstamo, así como la del Mercado de Valores, también las de Sociedades de Inversión, y las del Sistema del Ahorro para el Retiro, así como la Ley General de Instituciones y Sociedades Mutualistas de Seguros y por último la Ley de Instituciones de Finanzas, que dentro de éstas, se erigen diversas entidades financieras que son en sí grupos vulnerables al manejo de los recursos de procedencia ilícita, que más que ser de procedencia ilícita.

Según el artículo 400 bis del Código Penal segundo párrafo, tienen que existir indicios fundados o certeza, de que provienen directa o indirectamente, o representan las ganancias derivadas de la comisión de algún delito y no pueda acreditarse su legítima procedencia. La legislación enumera como autoridades principales en la aplicación de esta ley:

- En primer lugar a la Secretaría de Hacienda y Crédito Público.
- A la Fiscalía General de la República.

Tanto la Secretaría de Hacienda y Crédito Público como la Fiscalía General de la República son unidades de inteligencia financiera que juegan un papel fundamental en la prevención y protección del Sistema Bancario. Además, la Comisión Nacional Bancaria y de Valores (CNBV) también actúa como autoridad en este ámbito. Otras entidades, como la Auditoria Superior de la Federación, también tienen un papel relevante en la prevención y detección de este delito. Los titulares de la Secretaría de la Función Pública, en el ejercicio de sus facultades de investigación y auditoría, también pueden tener inferencia en la prevención de este tipo de delitos.

La Unidad de Fiscalización de los Recursos de los Partidos Políticos, como órgano técnico general del INE, para el ejercicio de sus atribuciones legales, en donde también se cruza el dinero mal habido. La razón interinstitucional puede ser mucho más grande; ya que si consideramos las diversas facultades que tiene la Secretaría de Hacienda y Crédito Público establecidas en el Artículo 6 de esta Legislación Federal para la Prevención e Identificación de Operaciones con Recursos de Procedencia Ilícita, que dice a la letra:

> ***Artículo 6.*** *La Secretaría tendrá las facultades siguientes:*
>
> ***I.*** *Recibir los Avisos de quienes realicen las Actividades Vulnerables a que se refiere la Sección Segunda del Capítulo III;*
>
> ***II.*** *Requerir la información, documentación, datos e imágenes necesarios para el ejercicio de sus facultades y proporcionar a la Unidad la información que le requiera en términos de la presente Ley;*
>
> ***III.*** *Coordinarse con otras autoridades supervisoras y de seguridad pública, nacionales y extranjeras, así como con quienes realicen Actividades Vulnerables, para prevenir y detectar actos u operaciones relacionados con el objeto de esta Ley, en los términos de las disposiciones legales aplicables;*
>
> ***IV.*** *Presentar las denuncias que correspondan ante el Ministerio Público de la Federación cuando, con motivo del ejercicio de sus atribuciones, identifique hechos que puedan constituir delitos;*
>
> ***V.*** *Requerir la comparecencia de presuntos infractores y demás personas que puedan contribuir a la verificación del cumplimiento de las obligaciones derivadas de la presente Ley;*
>
> ***VI.*** *Conocer y resolver sobre los recursos de revisión que se interpongan en contra de las sanciones aplicadas;*
>
> ***VII.*** *Emitir Reglas de Carácter General para efectos de esta Ley, para mejor proveer en la esfera administrativa, y*
>
> ***VIII.*** *Las demás previstas en otras disposiciones de esta Ley y otros ordenamientos jurídicos aplicables.*

Para Blanco Cordero, los bancos constituyen la puerta más accesible, para la introducción de dinero de origen delictivo en una economía legitima; por lo que conviene radicar una normativa actual, que prevenga el blanqueo dentro de éstas instituciones, o bien, generarle facultades de revisión a fin de que el cliente deba demostrar con el pago de sus impuestos que dicho dinero, proviene de actividades lícitas.[12]

1.6. AUTORIDADES Y SUJETOS OBLIGADOS EN EL LAVADO DE DINERO Y SUS EFECTOS EN LA RECAUDACIÓN FISCAL EN MÉXICO

Para cumplir el objetivo de la legislación observada, las entidades financieras se regirán por las disposiciones establecidas en la ley de Instituciones de Crédito. En consecuencia, todos los actos, operaciones y servicios realizados por estas entidades de acuerdo con la ley, serán considerados como actividades vulnerables.

Definitivamente, esto es de suma importancia, ya que coloca a las entidades en una situación especial debido a su actividad vulnerable. Sobre este particular Márquez, considera que; la Secretaría de Hacienda y Crédito Público se ha dado a la tarea de encontrar la forma de fiscalizar todas las actividades que realizan los contribuyentes, así como establecer normativas que conduzcan cada vez más a la posibilidad de realizar alguna infracción o delito, de tal manera que puedan afectar el interés o la estabilidad económica del país. Considerando que las actividades vulnerables son aquellas que por la naturaleza de su función se involucran con sistemas financieros principalmente, donde se maneja dinero a depósito, a inversión, a crédito, o ahorro por lo que las entidades financieras, son las que realizan mayores actividades vulnerables.[13]

Como consecuencia de lo anterior, es evidente que la Ley para Prevenir e Identificar Operaciones con Recursos de Procedencia Ilícita establece qué se entiende por actividad vulnerable y cómo se pueden

---

12 Blanco Cordero, Ignacio. 2015. Responsabilidad penal de los empleados de la banca por el blanqueo de capitales. España. Editorial Alianza, p. 91.

13 Márquez, Magi. 2017. ¿Cuáles son las actividades vulnerables? México. Contador Público, ISEF, p. 20.

establecer estrategias para proteger esa vulnerabilidad. En el caso de la Fiscalía General de la República (FGR), su infraestructura operativa para perseguir el lavado de dinero no abarca tanto como lo hace la Unidad de Inteligencia Financiera de la Secretaría de Hacienda y Crédito Público.

La FGR se enfoca principalmente en la persecución de los delitos, lo cual incluye la prevención, pero interviene principalmente después de que se ha cometido un delito. El ministerio público federal es un órgano público autónomo, pero actualmente hay preocupaciones respecto a su funcionamiento y operatividad debido a cómo se está manipulando. La ley orgánica de la Administración Pública Federal relaciona directamente a la FGR con la Secretaría de la Función Pública, ambas funcionan de manera similar.

Otra institución involucrada en la lucha contra el lavado de dinero es la Unidad de Inteligencia Financiera, que cuenta con diversas unidades especializadas para investigar delitos específicos, incluidos los delitos fiscales y financieros. Sin embargo, a pesar de estos esfuerzos, México enfrenta altos índices de violencia y el narcotráfico ha permeado todo el país, lo cual plantea desafíos para combatir efectivamente el lavado de dinero, tal como lo reflejan los indicadores del GAFI. En el siguiente inciso se analizarán más detalles sobre la eficacia en materia de prevención, identificación y persecución del lavado de dinero según los indicadores del GAFI.

1.7. FALTA DE EFICACIA EN LA PREVENCIÓN, IDENTIFICACIÓN Y PERSECUCIÓN DEL LAVADO DE DINERO SEGÚN LOS INDICADORES DE GAFI

A nivel internacional, existen organismos orientados a la lucha contra el Lavado de Dinero y Financiamiento al Terrorismo, destacando el Grupo de Acción Financiera Internacional (GAFI). El GAFI es un organismo intergubernamental compuesto por 36 miembros, creado en 1989 durante una reunión del Grupo de los Siete (G7) en París. Su principal misión es elaborar normas de alcance mundial para combatir el lavado de dinero y el financiamiento del terrorismo.

El GAFI colabora estrechamente con otros organismos internacionales clave, como el FMI, el Banco Mundial, las Naciones Unidas y otros organismos regionales similares. Para ayudar a los gobiernos nacionales a implementar programas eficaces contra el lavado de dinero y el financiamiento del terrorismo, el GAFI emitió una lista de recomendaciones que abarca medidas para el sistema de justicia penal, el sector financiero, ciertas empresas y profesiones no financieras, la transparencia de personas jurídicas y acuerdos jurídicos, así como los mecanismos de cooperación internacional.

Los primeros esfuerzos de la comunidad internacional para combatir el lavado de dinero surgieron al reconocer que el narcotráfico generaba cuantiosas ganancias, lo que representaba un grave problema internacional. La respuesta a este desafío implicó la implementación de estrategias globales basadas en la cooperación multilateral. Por ello, los países integrantes de la Organización de las Naciones Unidas (ONU), apoyándose en dos resoluciones de la Asamblea General de las Naciones Unidas, la 39/141 del 14 de diciembre de 1984, denominada "Campaña Internacional Contra el Tráfico de Drogas"[14] y la 39/142 de la misma ficha, titulada "Declaración sobre la lucha Contra el Narcotráfico y el Uso Indebido de Drogas"[15] sumaron sus esfuerzos, a fin de contar con una normativa para combatir el Lavado de Dinero.

México forma parte del Grupo de Acción Financiera (GAFI), asumiendo la Vicepresidencia para el periodo de Julio 2020 a Junio 2021, esto impulsa la agenda del Estado Mexicano en relación a esta materia, esto se debe a que las acciones que México ha emprendido en la lucha contra el Lavado de Dinero y Financiamiento al Terrorismo han sido consideradas como ligeras.

En las evaluación del GAFI, critica a México por la baja cantidad de acciones penales y condenas que registra por casos de lavado de

---

14 Organización de las Naciones Unidas. 2021. Campaña Internacional contra el tráfico de drogas. https://digitallibrary.un.org/record/114498/files/a-conf-121-22-s.pdf. Recuperado el día 30 de Octubre.

15 Organización de las Naciones Unidas. Declaración sobre la lucha Contra el Narcotráfico y el Uso Indebido de Drogas. 2021. http://www.pnsd.msssi.gob.es/pnsd/legislacion/pdfestatal/i28.pdf. Recuperado el día 30 de Octubre

activos, además de que considera que las acciones de investigación financiera son esporádicas; organizaciones no gubernamentales como Mexicanos contra la corrupción y la impunidad señalan que según cifras oficiales de la Fiscalía General de la República (FGR) revelan que la posibilidad de que una persona sea castigada por lavar dinero es del 2%.[16]

De acuerdo con datos de una organización, en 13 años de gobierno se abrieron apenas 1,632 averiguaciones por delito de operaciones con recursos de procedencia ilícita, también conocido como lavado de dinero. Las autoridades mexicanas lograron sentencias para solo 44 personas en este tipo de casos. Es importante mencionar un reciente escándalo relacionado con Emilio Lozoya Austin, quien está implicado en una red de sobornos millonarios de la constructora brasileña Odebrecht. A pesar de su detención en España y posterior extradición a México, la Fiscalía General de la República ha señalado el extravío de 51 páginas con información patrimonial de Lozoya en el expediente.

En México, se han presentado numerosos casos en los que el Lavado de Dinero y la Corrupción parecen estar relacionados, y las empresas privadas parecen ser las menos afectadas. De las 44 personas sentenciadas por el delito de operaciones con recursos de procedencia ilícita en los últimos trece años, la mayoría ha recibido la pena mínima de cinco años de prisión

1.8. INFRAESTRUCTURA OPERATIVA APROVECHABLE DE LA SHCP PARA PREVENIR EL LAVADO DE DINERO

La Secretaría de Hacienda y Crédito Público (SHCP) despliega un completo sistema operativo que facilita, en mayor medida que la Fiscalía General de la República, la detección y prevención del lavado de

16 Sánchez Ley, Laura; Castillo, Miriam y Melchor, Daniel. 2020. Lavar dinero en México: un delito del que se sale fácil. México. Mexicanos contra la corrupción y la impunidad, p. 1.

dinero. La Ley Federal de Prevención e Identificación de Operaciones con Recursos de Procedencia Ilícita claramente establece que la SHCP es la principal autoridad competente para aplicar en el ámbito administrativo esta legislación y su reglamento.

La SHCP cuenta con una serie de facultades otorgadas por la misma ley, lo que le permite realizar revisiones de las entidades financieras vulnerables y supervisar sus actividades, así como verificar la presentación de avisos y el efectivo uso de dichas verificaciones.

Es importante destacar que la información manejada por la SHCP no siempre es accesible para el ciudadano, debido a su carácter confidencial y reservado. Para obtener esta información, es necesario solicitarla al Instituto Nacional de Transparencia y Acceso a la Información y Protección de Datos Personales (INAI).

Sin embargo, el INAI también presenta ciertos retrasos en proporcionar los informes solicitados, lo que dificulta el acceso a la información sobre el uso del dinero público.

Es fundamental diferenciar entre la prevención y la persecución del lavado de dinero. La prevención consiste en tomar medidas anticipadas para evitar que ocurran actos considerados negativos, como el lavado de dinero y financiamiento al terrorismo.

Capítulo II

LAS INSTITUCIONES DE TECNOLOGÍA FINANCIERA COMO SUJETOS DE REGULACIÓN DE LA LEY FINTECH

La Ley para Regular las Instituciones de Tecnología Financiera, conocida como Ley Fintech, tiene como objeto regular los servicios financieros ofrecidos por estas instituciones, así como su organización, operación y funcionamiento. También se incluyen servicios financieros sujetos a normatividad que se ofrecen al público a través de medios digitales innovadores. Esta ley es una respuesta a los cambios tecnológicos que han marcado la evolución en el mundo, especialmente en la forma en que se desarrolla el comercio de servicios financieros. La industria financiera se ha sumado al dinamismo de la innovación tecnológica, por lo que es necesario contar con un marco regulatorio que mitigue los riesgos asociados a su uso y permita una expansión saludable.

Es relevante destacar en esta breve introducción al capítulo que la Ley Fintech efectúa modificaciones en las siguientes legislaciones:

a) Ley de Instituciones de Crédito,

b) Ley del Mercado de Valores,

c) Ley General de Organizaciones y Actividades Auxiliares del Crédito,

d) Ley para la Transparencia y Ordenamiento de los Servicios Financieros,

e) Ley para Regular las Sociedades de Información Crediticia,

f) Ley de Protección y Defensa al usuario de Servicios Financieros,

g) Ley para regular las agrupaciones financieras,

h) Ley de la Comisión Nacional Bancaria y de Valores y

i) Ley Federal para la prevención e identificación de Operaciones con Recursos de Procedencia ilícita.

Esta legislación no solo abarca la inclusión financiera y la regulación de la competitividad, sino que también persigue brindar seguridad y certidumbre tanto a los usuarios como al Estado en relación con la certeza jurídica de las operaciones y activos que pueden ser movilizados a través de los medios tecnológicos. Es fundamental profundizar en el concepto y comprensión de las Instituciones de Tecnología Financiera.

2.1. LAS INSTITUCIONES DE TECNOLOGÍA FINANCIERA, FINTECH

En la actualidad, una gran parte de las instituciones financieras están concentrando sus esfuerzos en la transformación de sus servicios, mediante la incorporación de diversas tecnologías habilitadoras, tales como el *big data*,[17] las *API*[18] y la Inteligencia Artificial. Su principal objetivo es priorizar la experiencia del usuario en los servicios financieros, con el fin de mantener su competitividad y estimular su crecimiento. Rodríguez y Morales contemplan que las Instituciones de Tecnología Financiera o Fintech son empresas cuyos modelos de negocio utilizan tecnología como habilitador principal de su oferta de productos y servicios financieros. Industria caracterizada por marcos colaborativos ágiles de trabajo para el desarrollo de soluciones y productos financieras distintos a los tradicionales,[19] el desarrollo de la tecnología, estimuló la innovación en la forma de ofrecer productos y servicios, a la vez que redujo costos al proveer nuevos instrumentos financieros haciendo redituable la oferta al mercado. Menat comenta

---

17 Arquitectura para el almacenamiento y procesamiento de activos de información, es decir, datos de gran volumen, alta velocidad y extensa variedad con el objetivo de generar información relevante para la toma de decisiones.

18 La interfaz de programación de aplicaciones, conocida también por la sigla API, en inglés, application programming interface, es un conjunto de subrutinas, funciones y procedimientos que ofrece cierta biblioteca para ser utilizado por otro software como una capa de abstracción.

19 Rodríguez Suárez, Santiago; Morales Rodríguez, Mariana. 2018. México: Nación Fintech Nuevos negocios y ecosistema en el sector financiero mexicano. México. Editorial Pro México y Bancomext, p. 21.

que; las Fintech "engloban una nueva oleada de empresas que están cambiando la manera en que la gente paga, manda dinero, presta, accede al crédito e invierte.[20] Entre los principales servicios que ofrecen estas Instituciones de Tecnología Financiera están:

a) Medios de pago y transferencias.
b) Infraestructura para servicios financieros
c) Originación digital de créditos
d) Soluciones financieras para empresas
e) Finanzas personales y asesoría financiera
f) Intermediación de instrumentos financieros
g) Financiación alternativa
h) Insurtech
i) Criptomonedas y blockchain
j) Entidades financieras disruptivas

Para 2017, se identificaron aproximadamente 238 empresas Fintech operando en México, experimentando un crecimiento del 50% entre 2016 y 2017, y contando con más de 540 mil usuarios activos.[21] Estas empresas atrajeron inversiones por un monto superior a los 89 millones de dólares entre diciembre de 2015 y enero de 2017.

El crecimiento de las Fintech se atribuye, en parte, a la promoción de la inclusión financiera al acercar servicios financieros a sectores previamente excluidos mediante el uso de tecnologías. No obstante, esta situación también conlleva ciertos riesgos para el patrimonio, ya que algunos de estos servicios podrían ser utilizados para actividades ilícitas, como el lavado de dinero, que es el enfoque central de esta exposición.

Estas instituciones utilizan medios electrónicos y tecnologías de la información y comunicación para facilitar el acceso y la inclusión al financiamiento. No obstante, esto no elimina la necesidad de promover una educación financiera, sino que la vuelve aún más indispensa-

---

20 Menat, Rébecca. 2018. El Futuro es Fintech. México. Editorial Planeta, p. 112.

21 Finnovista. Actualización FinTech Radar México. visto en https://www.finnovista.com/actualizacion-fintech-radar-mexico/. con fecha. 02 de Enero de 2017.

ble, ya que representa un riesgo tanto para los usuarios como para el sistema financiero en general. Un claro ejemplo de esto fue el caso de "foodies", una plataforma de Crowdfunding que defraudó a 188 inversionistas, dejando a la Comisión Nacional para la Protección y Defensa de los Usuarios de Servicios Financieros (Condusef) imposibilitada para defender a los inversionistas debido a la falta de regulación de estas instituciones.

En este sentido, el artículo 58 de la Ley Fintech establece que estas instituciones están obligadas a establecer un comité de comunicación y control, así como a designar a un oficial de cumplimiento con funciones y obligaciones específicas al interior de cada Institución de Tecnología Financiera. Esta figura es de suma importancia, ya que el oficial de cumplimiento debe estar certificado ante la Comisión Nacional Bancaria y de Valores y se encargará de prevenir el lavado de dinero.

Nava señala que hasta principios de 2019, la CNBV tenía 2 mil 150 personas certificadas para ejercer dicha función y aunque hasta julio del mismo año en México solo existían 334 empresas Fintech,[22] y éstas no son las únicas que necesitan de estos profesionales, ya que también son demandados por los bancos, aseguradoras, casas de bolsa e incluso notarías.

En el ámbito de Fintech, el oficial de cumplimiento tiene la responsabilidad de diseñar manuales de prevención de lavado de dinero, establecer procedimientos de conocimiento del cliente, reportar a la CNBV cualquier transacción inusual y responder a los requerimientos de la autoridad. Dada la relevancia y responsabilidad legal de esta función, su posición jerárquica debe estar por debajo del director general dentro de la estructura organizacional.

El primero de noviembre de 2019 se publicaron en el Diario Oficial de la Federación las disposiciones de carácter general para la certificación de auditores externos independientes, oficiales de cumplimiento

---

22 Nava, Diana. Nuevo reto de las Fintechs: La falta de profesionales calificados para prevenir el lavado de dinero. Visto en https://elfinanciero.com.mx/economia/nuevo-reto-de-las-fintechs-la-falta-de-profesionales-calificados-para-prevenir-lavado-de-dinero. 09 de Febrero de 2019.

y demás profesionales en materia de prevención de operaciones con recursos de procedencia ilícita y financiamiento al terrorismo. Estas nuevas disposiciones incluyeron cambios para disminuir la carga económica en el proceso de renovación de la certificación, como la derogación de las horas de capacitación obligatorias y la eliminación de requisitos como años de experiencia, título o cédula profesional y reporte crediticio. La falta de profesionistas certificados en la materia se debe, en parte, a la baja tasa de aprobación en los exámenes de certificación, que solo alcanza el 20%. No obstante, los salarios para aquellos que ocupan estos puestos oscilan entre los treinta y ciento veinte mil pesos.

La figura del oficial de cumplimiento adquiere especial importancia en la Prevención de Lavado de Dinero, ya que puede enfrentar responsabilidades penales si la autoridad identifica enriquecimiento proveniente de actividades ilícitas. La certificación en materia de Prevención de Lavado de Dinero y Financiamiento al Terrorismo (PLD/FT) es un mecanismo de profesionalización dirigido a auditores, oficiales de cumplimiento y demás profesionales que prestan servicios a entidades y personas bajo supervisión de la Comisión Nacional Bancaria y de Valores.

Las tecnologías financieras han introducido nuevos modelos de negocios y servicios financieros, algunos de los cuales han estado vinculados a casos de fraude e inestabilidad, como las criptomonedas. Por lo tanto, es esencial analizar los modelos financieros más importantes que han surgido a través de la innovación tecnológica.

2.2. OPERACIONES QUE COMPRENDEN LAS INSTITUCIONES DE TECNOLOGÍA FINANCIERA

2.2.1. Plataformas de pagos electrónicos

Entendida en la Ley Fintech como Instituciones de Fondos de Pago Electrónico, y abordado en el Capítulo Segundo, se entiende a los servicios realizados con el público de manera habitual y profesional, consistentes en la emisión, administración, redención y transmisión de fondos de pago electrónico, a través de aplicaciones informáticas, interfaces, páginas de internet o cualquier otro medio de comunicación electrónica o digital. Vidal Hernández comenta que "Existen diferentes modelos de negocios que ocupan este tipo de plataformas; algunos de los más comunes ofrecen al usuario una cuenta (no bancaria), llamada cartera digital, accesible a través de una plataforma en línea o una aplicación móvil, reflejando el saldo del usuario.[23] Este modelo de negocios permite hacer depósitos, retiros o envíos directos a otros usuarios sin necesidad de un intermediario financiero tradicional. A continuación se muestra un esquema gráfico del proceso de este modelo de negocio:

Figura No. 1. Plataformas de Pagos Electrónicos

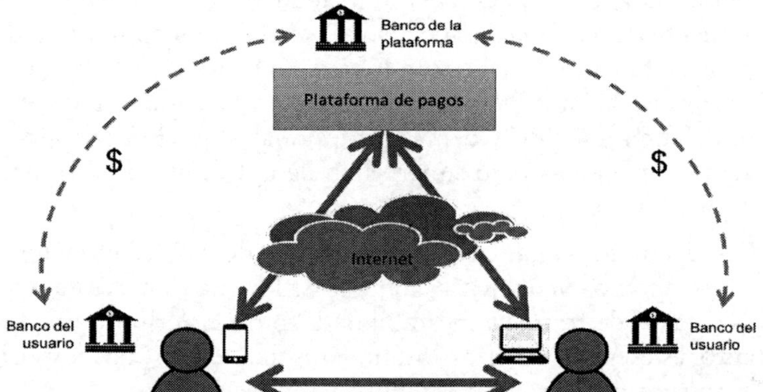

Fuente: Vidal Hernández, Arturo. 2017. Fintech: Tecnología Financiera. México. INCyTU, p. 2.

Las empresas Fintech son aquellas que ofrecen servicios relacionados con la emisión, administración, rendición y transmisión de fondos de pago electrónico a través de aplicaciones informáticas, interfaces, páginas de internet u otros medios electrónicos o digitales, tal como

---

23 Vidal Hernández, Arturo. 2017. Fintech: Tecnología Financiera. México. INCyTU, p. 2.

lo establece el Capítulo II de la Ley Fintech. Dentro de las operaciones que pueden llevar a cabo estas empresas se encuentran:

a) Apertura y manejo de cuentas de fondos de pago electrónico en dinero o activos virtuales específicos.
b) Realización de transferencias de fondos de pago electrónico.
c) Entrega de una cantidad de dinero o su equivalente en activos virtuales a una cuenta de fondos de pago electrónico (artículo 22 de la Ley Fintech).

No obstante, una característica relevante de estas instituciones es que no están autorizadas a pagar intereses o cualquier otro rendimiento o beneficio monetario a sus clientes por los saldos que mantengan, a menos que el Banco de México (Banxico) establezca excepciones mediante disposiciones de carácter general, respecto a beneficios no monetarios.

Algunos casos de éxito en México dentro del modelo de negocios FinTech incluyen a la empresa Clip, la cual facilita la recepción de pagos con tarjetas bancarias desde dispositivos móviles como teléfonos inteligentes o tablets. Esta compañía ha recibido una inversión de más de 39 millones de dólares entre 2014 y 2016, posicionándola como la empresa mexicana que más capital de riesgo ha logrado recaudar. Clip ha brindado apoyo a micro y pequeñas empresas que no disponían de los requisitos o recursos para adquirir una terminal bancaria, además de ofrecer una mayor competitividad en términos de comisiones.

En este modelo de negocios, los fondos se encuentran contabilizados en un registro electrónico de cuentas transaccionales, lo que permite realizar operaciones tanto en moneda nacional como virtual, y representan una obligación de pago a cargo del emisor. Es crucial regular adecuadamente este modelo de negocios, especialmente ante la nueva era de pagos a través del celular mediante el CoDi (Cobro Digital), que puede considerarse como la nueva fase del Sistema de Pagos Electrónicos Interbancarios (SPEI), facilitando las transacciones mediante códigos QR (quick response). Uno de los sectores que ha impulsado el uso de los pagos electrónicos es el comercio electrónico, según Riquelme.

> Las ventas del comercio electrónico en México alcanzaron un valor de 505,000 millones de pesos en el 2018, de acuerdo con el estudio El comercio móvil en México 2019, hecho por Euromonitor International por encargo de PayPal. Según el documento, las ventas del comercio electrónico en 2018 registraron un valor 27% mayor al registrado en 2017, cuando alcanzaron un total de 397,000 millones de pesos.[24]

La exposición en redes sociales, las inversiones en seguridad y logística del comercio electrónico, y la variedad de productos y marcas que se han expandido a través del e-commerce ha impulsado el pago electrónico de manera potencial, al grado que resulto indispensable su regulación.

2.2.2. Financiamiento Colectivo (crowdfunding)

El capítulo primero del título segundo de la Ley para regular las Instituciones de Tecnología Financiera (Ley Fintech) aborda a las Instituciones de Financiamiento Colectivo, el artículo 15 establece que:

> ***Artículo 15.*** *Las actividades destinadas a poner en contacto a personas del público en general, con el fin de que entre ellas se otorguen financiamientos mediante alguna de las Operaciones señaladas en el siguiente artículo, realizadas de manera habitual y profesional, a través de aplicaciones informáticas interfaces, páginas de internet o cualquier otro medio de comunicación electrónica o digital, solo podrán llevarse a cabo por las personas morales autorizadas por la CNBV, previo acuerdo del Comité Interinstitucional, como instituciones de financiamiento colectivo.*

Este capítulo regula todos los financiamientos colectivos, lo que abarca préstamos en línea, crowdfunding, financiamiento de copropiedad o regalías, e incluso, a pesar de que el artículo 16 de esta Ley contempla tres formas de financiamiento colectivo (deuda, capital y copropiedad o regalías), en disposiciones secundarias de la misma ley se incluye también el destinado al desarrollo de proyectos inmobiliarios. La Ley define a los participantes como inversionistas y solicitan-

---

[24] El Economista. Comercio electrónico en México, con valor de 505,000 millones de pesos en 2018: Euromonitor. https://www.eleconomista.com.mx/empresas/Comercio-electronico-en-Mexico-con-valor-de-505000-millones-de-pesos-en-2018-Euromonitor-20190516-0085.htm 16 de Mayo 2019.

tes. Los inversionistas son personas físicas o morales que aportan recursos al solicitante, mientras que los solicitantes son personas físicas o morales que requieren dichos recursos mediante la institución de financiamiento colectivo.

La primera forma de operación contemplada en el artículo 16 es el financiamiento colectivo de deuda, destinado a otorgar préstamos, créditos, mutuos u otros tipos de financiamiento que generen un pasivo directo o contingente a los solicitantes. El segundo es el financiamiento colectivo de capital, mientras que el financiamiento colectivo de copropiedad o regalías se aborda en incisos posteriores.

El crowdfunding de deuda (Inciso I, art. 16) permite a individuos o personas morales solicitar préstamos directamente a otros individuos reconocidos como inversionistas, con la promesa de pago más una tasa de interés. Estas plataformas generalmente reúnen a varios inversionistas, y estos diversifican su inversión entre varios deudores para mitigar el riesgo. Si un deudor incumple, la pérdida se diluye entre múltiples inversiones.

El artículo 17 de esta legislación FinTech establece que las instituciones de financiamiento colectivo pueden actuar como mandatarias o comisionistas, según un contrato aceptado por sus clientes (mandantes), para gestionar negocios o actos jurídicos en su nombre, o bien, intervenir a nombre de otros (solicitantes e inversionistas) cobrando una comisión. Es importante destacar que el financiamiento en sí no es propio de la institución de tecnología colectiva, sino que estas actúan únicamente como mandatarias o comisionistas en las operaciones entre otros participantes.

Para operar bajo este modelo de negocios en el país, es necesario solicitar autorización a la Comisión Nacional Bancaria y de Valores (CNBV), que requiere diversa información y requisitos, incluyendo la contemplación del financiamiento colectivo en el objeto social, establecer un domicilio en territorio nacional, un capital mínimo, contar con infraestructura tecnológica y controles internos adecuados, presentar un plan de negocios, establecer convenios y/o contratos con otras Instituciones de Tecnología Financiera (IFT) o proveedores de servicios tecnológicos, y proporcionar información sobre los administradores y consejeros.

Adicionalmente, estas empresas deben suministrar información transaccional de las operaciones que realizan al Banco de México. En cuanto al crowdfunding, debido a que implica inversiones con riesgo, el segundo inciso del artículo 18 obliga a estas empresas a analizar e informar de manera clara y sencilla sobre el riesgo asociado a los solicitantes y proyectos, incluyendo indicadores generales sobre su comportamiento, pago y desempeño. La CNBV establecerá mediante disposiciones de carácter general los elementos mínimos para aplicar metodologías de evaluación y calificación.

2.2.3. Lending (Préstamos en línea)

Según Rodríguez y Morales, al cierre de agosto de 2018, México se ubicó como el segundo mayor ecosistema de Latinoamérica en términos del número de empresas Fintech. Los segmentos de pagos y remesas, así como de préstamos, fueron los que concentraron la mayor cantidad de startups Fintech, representando cada uno el 22% del mercado.[25] Esto se debe, en parte, a las restricciones de la banca tradicional, lo que ha generado oportunidades en materia de inclusión financiera a través del desarrollo de nuevos modelos para atraer clientes mediante canales digitales de venta y operación. Además, se emplean métodos innovadores para identificar y mitigar el riesgo crediticio. Algunas de estas plataformas se basan en el préstamo entre personas (P2P Lending), evitando la intervención de una institución financiera.

Prado comenta que con la evolución tecnológica es probable que se desarrollen nuevas formas para que los cibernautas puedan aplicar y obtener préstamos en línea.[26] Sin embargo, es posible establecer como generalidad tres modelos de préstamos por internet:

---

25 Rodríguez Suárez, Santiago; Morales Rodríguez, Mariana. 2018. México: Nación Fintech Nuevos negocios y ecosistema en el sector financiero mexicano. México. Pro México y Bancomext, p. 150.

26 Prado, Eduardo. 2018. Préstamos por Internet. México. Condusef, p. 39.

Figura No. 2. ¿Cómo funcionan los créditos en la Red?

MODELO	¿DE QUÉ ES?	CARACTERÍSTICAS
Personas que financian personas, o por su término en inglés: *peer to peer lending*.	Entidades, empresas o páginas *web* que sirven como intermediarios entre personas que requieren un crédito e individuos que desean invertir.	• Existen entidades que ya cuentan con inversionistas y otras no. • Generalmente los que deciden otorgar o no el crédito son los prestamistas, no las entidades. • En ocasiones la entidad fija la tasa de interés y los plazos, en otras, deciden los propios inversionistas. • Algunas entidades cobran un porcentaje de interés al prestamista.
Prestamos de corto plazo, o por su término en inglés: *payday loans*.	Entidades, empresas o páginas *web* que dan créditos basados en montos y plazos pequeños.	• Por lo general los préstamos no superan los cinco mil pesos. • Casi siempre los plazos son entre 30 a 90 días. • La tasa de interés depende de cada empresa.
Por reputación.	En estos créditos, dentro de la autorización o no del mismo, las entidades o páginas *web* fundamentan su decisión con base en la reputación de un individuo en las redes sociales.	• Hay empresas que usan las redes sociales como complemento de sus algoritmos de evaluación para otorgar o no un crédito. • Otras toman la decisión estrictamente en el comportamiento de las redes sociales de un solicitante. • Generalmente la red social en la que más se apoyan estas determinaciones es *Facebook*.

Fuente: Prado, Eduardo. 2018. Préstamos por Internet. México. Condusef, p. 39.

La Fintech en sí no financia el préstamo que otorga, sino que intermedia el proceso y sus ingresos provienen de las comisiones generadas por el uso de la plataforma. A pesar de que se parece mucho al *Crowdfunding*, este último requiere un análisis profundo al evaluar riesgos, ya que el inversor participa para obtener un beneficio económico que se generará si el proyecto tiene éxito; de lo contrario, se pierde la inversión. En cambio, el *Crowdlending* implica un préstamo que debe ser devuelto en los pagos acordados, junto con el tipo de interés establecido por los interesados. De esta manera, el pago no está sujeto al éxito del proyecto que está siendo financiado.

Otra forma de préstamos a través de las Fintech es el *Marketplace Lending* (P2P Lending), que ofrece al usuario la opción de solicitar préstamos en un mercado en línea, para encontrar a aquellos que estén dispuestos a financiar y buscar mejores condiciones de rendimiento que las ofertadas de manera tradicional.

2.2.4. *Compra-venta de activos virtuales (Criptomonedas)*

Desde septiembre del 2019 el SAT considero a los activos virtuales como una actividad vulnerable en materia de lavado de dinero, establecido en el inciso XVI del artículo 17 de la Ley Federal para la Prevención e Identificación de Operaciones con Recursos de Procedencia Ilícita:

> ***Artículo 17.*** *Para efectos de esta Ley se entenderán Actividades Vulnerables y, por tanto, objeto de identificación en términos del artículo siguiente, las que a continuación se enlistan:*
>
> *XVI. El ofrecimiento habitual y profesional de intercambio de activos virtuales por parte de sujetos distintos a las Entidades Financieras, que se lleven a cabo a través de plataformas electrónicas, digitales o similares, que administren u operen, facilitando o realizando operaciones de compra o venta de dichos activos propiedad de sus clientes o bien, provean medios para custodiar, almacenar, o transferir activos virtuales distintos a los reconocidos por el Banco de México en términos de la Ley para Regular las Instituciones de Tecnología Financiera… …Serán objeto de Aviso ante la Secretaría cuando el monto de la operación de compra o venta que realice cada cliente de quien realice la actividad vulnerable a que se refiere esta fracción sea por una cantidad igual o superior al equivalente a seiscientas cuarenta y cinco Unidades de Medida y Actualización. En el evento de que el Banco de México reconozca en términos de la Ley para Regular las Instituciones de Tecnología Financiera activos virtuales, las personas que provean los medios a que se refiere esta fracción, deberán obtener las autorizaciones correspondientes en los plazos que señale dicho Banco de México en las disposiciones respectivas*

De manera que si se iguala o supera el equivalente a seiscientas cuarenta y cinco Unidades de Medida y Actualización (86.88 para 2020), es decir, si superan los 56,037.60 pesos, será objeto de aviso a la Secretaría de Hacienda y Crédito Público, el mayor referente de estos activos electrónicos son las criptomonedas, que a lo largo de su existencia han tenido un gran auge, gozando tanto de mala como de buena fama, sobre todo por su volatilidad, y por su facilidad en materia de lavado de dinero, puesto que Santiago Nieto, Titular de la UIF, informó que se detectaron casos en Quintana Roo en donde, a través de la trata de personas, se obtuvieron ingresos al sistema financiero en efectivo para después ser transferido a cuentas internacionales, en donde se utilizó para comprar una de las criptomonedas más manejadas como lo es el Bitcoin.[27]

El activo virtual es una representación de valor, no es tangible, se registra electrónicamente y en la actualidad el público la puede ocupar como medio de pago, en México, los únicos activos virtuales que podrán ser ocupados son los que el Banco de México determine. El capítulo tercero del primer título de la Ley Fintech aborda estas operaciones, definiendo al activo virtual como:

> ***Artículo 30.*** *Para efectos de la presente Ley, se considera activo virtual la representación de valor registrada electrónicamente y utilizada entre el público como medio de pago para todo tipo de actos jurídicos y cuya transferencia únicamente puede llevarse a cabo a través de medios electrónicos. En ningún caso se entenderá como activo virtual la moneda de curso legal en territorio nacional, las divisas ni cualquier otro activo denominado en moneda de curso legal o en divisas.*

Martínez comenta que conforme a las directrices para un enfoque basado en riesgo para monedas virtuales, emitido por el organismo intergubernamental denominado Grupo de Acción Financiera Internacional GAFI, el uso de activos virtuales a nivel internacional ha generado un nuevo método para la transmisión de valor a través del internet.[28]

Debido a la magnitud de las criptomonedas y su uso para ocultar ganancias ilícitas, se hizo necesario regularlas, especialmente porque permiten movimientos internacionales de manera sencilla. Por lo tanto, las instituciones cuyas operaciones estén relacionadas con activos virtuales deben presentar una solicitud ante el Banco de México, la cual debe ir acompañada de:

---

27 Saldívar, Belén.El Economista. SAT considera los activos virtuales como actividad vulnerable en materia de lavado. https://www.eleconomista.com.mx/economia/SAT-considera-los-activos-virtuales-como-actividad-vulnerable-en-materia-de-lavado-20190908-0054.html. 09 de Septiembre de 2019.

28 Martínez, Javier. 2018. Actividades vulnerables de México. México. Compliance México, p. 96.

a) Descripción del modelo de operación.
b) Cuadro comparativo que identifique los requisitos de la regulación aplicable y las medidas que la institución de Activos establecerá para cumplir con ella.
c) Los beneficios que representa llevar a cabo las operaciones.
d) Manual operativo que incluya:
   i. Descripción del activo virtual.
   ii. Características de los protocolos del activo virtual.
   iii. Características del mercado.
   iv. Medidas que la institución adoptará para impedir que los clientes incurran en riesgos derivados de operaciones con dichos activos.
e) Marco integral de riesgos que identifique los asociados a la operación con activos virtuales, contando con un plan de recuperación de la actividad y servicios afectados, así como procedimientos para la liquidación en caso de que no sea posible continuar con las operaciones autorizadas.

Cualquier intención de cambios en el manual operativo debe ser presentada como un proyecto ante el Banco de México, quien resolverá dentro de los 30 días hábiles bancarios siguientes sobre la solicitud de modificación.

Sin duda, este tipo de activos ha tenido una mala fama, principalmente debido a la burbuja especulativa asociada a ellos y a los riesgos que conlleva celebrar operaciones con estos activos, ya que no son considerados moneda de curso legal y no están respaldados por el Gobierno Federal ni por el Banxico. Finalmente, la Ley FinTech obliga a las instituciones de tecnología financiera a divulgar a sus clientes los riesgos asociados con los activos virtuales, incluyendo que no son moneda de curso legal y que no están respaldados por el Gobierno Federal ni por el Banxico, la imposibilidad de revertir las operaciones una vez ejecutadas, la volatilidad del valor del activo virtual y los riesgos tecnológicos, cibernéticos y de fraude inherentes a los activos virtuales (art. 34 Ley FinTech).

Estas tecnologías tienen el potencial de impactar todos los aspectos del proceso de reporte de la información financiera, desde la preparación de estados financieros y la auditoría de estos hasta el análisis que los usuarios hagan de la información financiera para la toma de decisiones.

2.2.5. Trading y mercados (compra-venta de acciones)

El trading es un tipo de especulación en los mercados financieros donde se realizan varias operaciones de compra y venta durante un mismo día. En el ámbito de la Fintech, existen servicios que actúan como asesores, basados en inteligencia artificial y big data, y plataformas de micro-inversión o soluciones de trading basadas en redes sociales.

Una de las Fintech más famosas en este ramo es "eToro", que permite copiar las decisiones de inversión financiera de otro usuario con mayor experiencia en especulación de mercados financieros. En la Ley Fintech, este tipo de operaciones se denomina Crowdfunding de capital y se caracteriza porque los inversionistas adquieren acciones de una empresa que lleva a cabo una campaña de financiamiento o participación en los ingresos, utilidades o regalías que se generen a través del desarrollo de un proyecto.

En este modelo de negocio, generalmente cientos o miles de personas aportan cantidades pequeñas para el desarrollo de un proyecto, a diferencia de mecanismos de financiamiento convencional como la inversión ángel[29] y el capital de riesgo,[30] donde un número muy reducido de inversionistas aporta la mayor parte del capital.

Estas instituciones deben dar a conocer información de los solicitantes y proyectos a sus posibles inversionistas, como criterios de selección de proyectos, validación de la identidad, plazo y forma de aceptación o rechazo a solicitudes, y metodología para determinar el grado de riesgo. El Banco de México condicionará las operaciones en materia de su naturaleza, límites transaccionales y de operación.

---

29 La inversión ángel se puede considerar como la inyección de capital realizada a cambio de una participación accionaria. Son inversiones que se caracterizan por un alto riesgo con retornos que pueden alcanzar el 30 %

30 El capital riesgo consiste en financiar start-ups en fase de crecimiento con elevado potencial y riesgo

Además, no pueden solicitar financiamiento a través de instituciones de financiamiento colectivo la propia ITF o personas relacionadas que tengan poder de mando en ella, ya que son modelos de negocios que buscan la inclusión y seguridad financiera, por lo que solo son intermediarios.

Como medida para la prevención del lavado de dinero y financiamiento al terrorismo, las Fintech tienen la obligación de clasificar a sus clientes por grado de riesgo, para lo cual deberán considerar factores como:

a) Antecedentes del cliente.
b) Tipo de persona.
c) Fecha de nacimiento o constitución.
d) En caso de ser persona moral, el giro o actividad que desempeñen.
e) Nacionalidad.
f) Lugar de residencia.
g) Fuente de ingreso.
h) Naturaleza y propósito de la relación que tenga con la Institución.

Adicionalmente, el Artículo 31 del Proyecto de Disposiciones de Carácter General en Materia de Prevención de Lavado de Dinero y Financiamiento al Terrorismo, al que se refiere el artículo 58 de la Ley Fintech, establece que estas instituciones también deben considerar detalles de las transacciones del cliente, como el tipo y número de servicios contratados, el volumen en número, monto y frecuencia de las operaciones, el origen y destino de los recursos transaccionados, el instrumento monetario utilizado y el tipo de moneda, según sea el caso. Medina comenta que este tipo de operaciones se clasifican de acuerdo a las soluciones que ofrecen, por ejemplo, los "Robo-Advisors", son servicios automatizados de asesoramiento sobre opciones rentables de inversión, considerando variable como riesgo, edad, ingresos, etc. Los "Robo-retirement", como su nombre lo indica, son servicios automatizados cuya especialidad es la gestión de los ahorros de jubilación, los "micro-inversión", son aquellos que realizan pequeñas inversiones sin comisiones. Las "Herramientas de Inversión" ofrecen servicios de información adicional a los inversores, poniendo a su disposición comparadores, investigación y asesoramiento. Otro de los servicios es la "Gestión de Portafolios", que son plataformas en donde unifican los portafolios de inversión del cliente. Y finalmente, los "brokers digitales" quienes ofrecen consulta de información bursátil e inversiones en la bolsa.[31]

Este tipo de instituciones atienden principalmente, la necesidad del mercado joven, a través de fomentar la cultura del ahorro a largo plazo, de manera que se busca la inclusión financiera a través de manejar y saber estudiar los mercados financieros, siendo espacios de eficiencia alcanzada a través de un sistema de precios que refleja toda la información posible y disponible para sus participantes.

2.3. LA CERTEZA JURÍDICA A USUARIOS DE SERVICIOS FINANCIEROS A TRAVÉS DE PLATAFORMAS DIGITALES

El objetivo principal de la política de prevención del delito es generar un orden dentro de la organización social y fomentar el respeto a los bienes jurídicos protegidos por los diversos tipos penales establecidos en el Código Penal de cada Estado y en el Código Penal Federal. Así, los objetivos de la prevención del delito se reflejan directamente en la necesidad de establecer un sistema completo de derecho penal en cada región.

En relación con este aspecto, Osorio y Nieto mencionan que el sistema normativo jurídico busca la adecuada convivencia social y la tutela de bienes que representan intereses primordiales para los sujetos; entre esos bienes existen algunos que son indispensables tanto para la vida individual como para la colectiva y que son, en particular, fundamentales para esta última, bienes cuya protección debe asegurarse en forma enérgica, entre ellos, podemos señalar la vida, la integridad corporal, la libertad en sentido amplio, el patrimonio, la libertad sexual y muchos otros, que como se ha expresado, son básicos para

31 Medina Toledano, Guillermo. 2018. Postura ante la transformación digital en México. México. Planeta, p. 137.

la supervivencia y desenvolvimiento de la comunidad; ahora bien, el Estado titular del poder público, utiliza como instrumento para lograr esa protección enérgica al derecho penal, que es un orden normativo eminentemente protector de los bienes jurídicos fundamentales de los hombres y de la sociedad.[32]

Dentro de las comunidades humanas, cada individuo requiere de una esfera de protección que asegure su persona, patrimonio y derechos. Esto genera la seguridad jurídica que permite a cada persona llevar a cabo sus relaciones sociales basadas en reglas previamente establecidas, con la certeza de que sus bienes jurídicos serán respetados y protegidos por el derecho penal, el cual utiliza la pena de encierro como sanción.

La certeza jurídica que ofrece la Ley Fintech en el país aumenta el atractivo para que las empresas tecnológicas financieras locales puedan seguir recaudando fondos. La certeza jurídica tiene como objetivo asegurar que los sujetos involucrados en una operación de comercio electrónico tengan la seguridad de alcanzar sus objetivos al realizar una transacción a través de instituciones de tecnología financiera. En este sentido, Torres Álvarez (2018) comenta que; se entiende certeza, como la capacidad de determinar y garantizar razonablemente lo siguiente:

1. La identidad de los sujetos que intervienen en las operaciones de las FinTech, al poder determinar la identidad de las personas que contraen obligaciones, se logra identificar al sujeto que estará obligado a la ejecución de determinada prestación.
2. Integridad y confidencialidad de los mensajes transmitidos por medio de la red. Los sujetos tendrán la garantía de que se les exigirá únicamente el pago de las obligaciones que desearon contraer y no otras distintas.
3. La eficacia del pago realizado a través de medios electrónicos. debe existir la certeza de que las obligaciones tendrán un efecto extinto mediante los medios de pago electrónico.

---

32 Osorio y Nieto, César Augusto. 2012. Síntesis de derecho penal.México. Trillas, p. 24.

4. Un medio de prueba. este es un elemento de certeza complementario, se trata de una función agregada de los medios de seguridad.[33]

Es cierto, que una legislación que regule a las instituciones de tecnología financiera brinda mayor seguridad jurídica, al establecer pautas en donde intervienen legislaciones en materia Penal y Financiera, además de que en su regulación participan instituciones importantes como Banco de México, la CNBV, la CNSF y la SHCP, La ley beneficia tanto a las empresas como a los usuarios porque brinda a ambos certeza legal. Para las primeras esto significa mayor confianza para crecer y atraer capital; para los segundos, seguridad y protección que funcionan como incentivos para seguir usándolas.

---

33 Toirrez Álvarez, Hernán. 2018. El sistema de seguridad jurídica en el Comercio Electrónico. Perú. Pontificia Universidad Católica del Perú, p. 224.

Capítulo III
PUNTOS EQUIPARABLES DE LA LEY FINTECH EN MATERIA DE LAVADO DE DINERO

Para este tercer capítulo, es necesario abordar los puntos equiparables de la ley que regula a las Instituciones de Tecnología Financiera y determinar en qué medida tiene un alcance en la lucha contra el blanqueo de capitales.

3.1. NOCIONES GENERALES DE LA LEY DE INSTITUCIONES DE TECNOLOGÍA FINANCIERA

La Ley Fintech está orientada a la regulación de los servicios financieros presentados por las Instituciones de Tecnología Financiera, la organización, operación y funcionamiento; así como a aquellos servicios en materia de financiamientos que se encuentren gestionados o manejados a través de medios innovadores; esto nos conduce a recalcar la situación del mundo actual, nos encontramos en lo que se denomina como la cuarta revolución industrial, que no solo consiste en máquinas y sistemas inteligentes, ya que su alcance incluye energías renovables, computación cuántica y secuenciación genética, la fusión de estas tecnologías y su interacción a través de dominios físicos, digitales y biológicos está produciendo que esta cuarta revolución industrial sea diferente a las anteriores.[34]

Esta situación revoluciona los productos en materia de tecnología financiera, así como en la difusión de sus alcances y posibilidades, pues no solo se trata de acceder a un crédito, sino también de opti-

---

[34] Schwab, Klaus. 2020. La Cuarta Revolución Industrial. España. Editorial World Economic Forum, p. 8.

mización de finanzas personales, comercio electrónico, movilizar el ahorro, colocación de inversiones, etc. es por ello que se produce una apertura al mercado de estos servicios y como consecuencia se le ha denominado como la inclusión financiera, que a grandes rasgos es tener acceso a estos productos financieros para satisfacer diferentes necesidades, término que sigue siendo utilizado por el Banco Mundial.

Herramientas como el *big data* implica que se realice análisis de una gran cantidad de datos con el objetivo de que se anticipen errores, comportamientos, reducción de tiempos y costos, así como de cubrir una demanda de manera anticipada, otra de éstas innovaciones es la denominada *nube* en donde se permite el almacenamiento digital de estos datos, de información que pueda ser procesada a través del *big data*, como consecuencia, la tecnología ya no se limita a una ordenador fijo, sino que se extiende a dispositivos denominados como inteligentes a través de los cuáles no solo se presentan los datos, sino que se procesa una información para generar conocimiento valioso.

La Inteligencia Artificial está cambiando al mundo, Katja et al. señala que a través de una encuesta se identificó que hay un 50% de probabilidades de que la IA supere a los humanos en todas las actividades en 45 años y de automatizar todos los trabajos humanos en 120 años.[35] Como consecuencia, una de las industrias más importantes en la vida del ser humano como es el del financiamiento es de los más anticipados en materia de tecnología, incorporando los algoritmos necesarios para arrebatar la hegemonía que caracterizó a la banca comercial durante décadas, limitando la posibilidad de las personas de acceso a cualquier tipo de financiamiento a la normatividad y requisitos definidos por estas instituciones de banca múltiple.

Sin lugar a dudas la incorporación de la IA en las diferentes industrias representan un desplazamiento de mano de obra, e incluso de profesionistas por operaciones sistematizadas y que en base a algoritmos dan respuesta a diferentes necesidades, en el presente caso a aquellos en materia financiera, sin embargo, el mundo financiero es cambiante, por lo que su atención requiere de la atención humana, so-

35 Grace, Katja. 2018. When will AI exceed human performance? Evidence from AI experts. EEUU. Yale University, p. 1.

bre todo para re dirigir esfuerzos y recursos, de manera que los efectos puedan ser más benéficos.

A esta "*liberación*" se le ha denominado como inclusión financiera, de la cual la Comisión Económica para América Latina y el Caribe señala que ésta tiene tres dimensiones: acceso, uso y calidad, el primero de ellos significa la posibilidad de usar los servicios y productos de las instituciones del sistema financiero normal o la facilidad con la cual los individuos pueden acceder a los servicios y productos financieros disponibles en las instituciones formales. El uso hace referencia a la utilización efectiva de productos financieros, en cuanto a regularidad como frecuencia, así como también al objetivo con el que se usa el sistema financiero. Finalmente, la calidad se especifica en términos de las características del acceso y el uso (calidad y efectividad).[36]

El término de inclusión financiera no es nuevo, debido a que éste contempla mayor acceso a los servicios ofertados por este mercado, sin embargo, con las Instituciones de Tecnología Financiera la oferta aumenta, por lo que el acceso se multiplica, la inclusión forma parte de los principios que dan cabida a la Ley Fintech pero comparte relevancia junto con:

- El principio de la innovación financiera.
- Promoción de la competencia.
- Protección al consumidor.
- Preservación de la estabilidad financiera
- Prevención de operaciones ilíticas
- Neutralidad tecnológica.

Principios que deben ser atendidos por las Instituciones de Tecnología Financiera que quieran poner a disposición del mercado demandante de México los diferentes servicios y opciones para responder a sus necesidades en materia económica, así como también estos principios cubren a las Autoridades Financieras al ejercer sus facultades.

---

36 Pérez, Esteban Caldente; Titelman, Daniel. 2018. La inclusión financiera para la inserción productiva y el papel de la banca de desarrollo. México. Editorial CEPAL, p. 39.

Como consecuencia de lo anterior, se da una necesidad de adaptación del producto a las nuevas condiciones del mercado financiero, aumentando la variedad de servicios, los intermediarios, la regulación, la supervisión y por supuesto la protección al consumidor y al propio sistema financiero nacional.

Estas condiciones conducen a lo que se conoce como Instituciones de Tecnología Financiera, que la CONDUSEF considera como un nuevo modelo de instituciones financiera que ofrece los mismos servicios pero a través del uso de la tecnología, dando como resultado la agilización, simplificación de los procesos y sin duda, esta larga coyuntura abonará elementos para que surjan más instituciones de este tipo.[37]

Cabe señalar que la CONDUSEF juega un papel supervisor en la regulación y supervisión de los servicios que se ofrecen por las ITF, contando con las facultades que dicha la Ley de Protección y Defensa al Usuario de Servicios Financieros otorga para solucionar controversias entre las ITF, las Sociedades autorizadas para operar un Modelo Novedoso y sus Clientes.

Ante estas empresas que buscan dar alcance y cubrir mayor mercado de personas que requieren de financiamiento, de diferentes tipos, que por los diferentes requisitos no tienen la posibilidad de acceder a ellos, han optado por dar cumplimiento a los requisitos que señala la Ley de Instituciones de Tecnología Financiera para poder formar parte del mercado de oferta en servicios financieros a través de medios tecnológicos, es así como el artículo segundo de la Ley Fintech señala que está basada en los principios de inclusión e innovación financiera, promoción de la competencia, protección al consumidor, preservación de la estabilidad financiera, prevención de operaciones ilícitas y neutralidad tecnológica. Estos principios deben ser respetados por los sujetos obligados por la Ley, respecto de su operación así como de autoridades financieras al ejercer sus facultades.

---

37 CONDUSEF. 2020. Fintech: nuevas Instituciones Financieras, ¿Sabes qué tipo de servicios ofrecen? México. CONDUSEF, p. 18.

3.2. CONSIDERACIONES DEL DELITO DE OPERACIONES CON RECURSOS DE PROCEDENCIA ILÍCITA EN LA LEY FINTECH

Es evidente que ante formas más ágiles de conducción del dinero aumenta el riesgo de malversaciones, defraudaciones, por supuesto el lavado de capitales que tienen un origen ilícito, su observación nace desde el momento en que se observan las vías y características de los productos de financiamiento que se promueven a través de estas empresas de tecnología financiera.

Sobre de esto la Evaluación Nacional de Riesgos de Lavado de Dinero, ejercicio interinstitucional que permite identificar, evaluar y entender los riesgos del Lavado de Dinero y Financiamiento al Terrorismo, que promueve un enfoque basado en riesgo que garantiza medidas proporcionales a los riesgos, cuya primera edición se presentó en 2016 para dar cumplimiento a las recomendaciones del Grupo de Acción Financiera Internacional (GAFI) contra el LD. En la edición 2019 se señalaron los riesgos que representaba las empresas Fintech en materia de LD/FT, en la edición 2020 del citado documento, redactado por la Unidad de Inteligencia Financiera, se puede leer:

> "El mercado de las FinTech ha ido en aumento en los últimos años. Según fuentes formales, México se encuentra situado en el segundo lugar como ecosistema Fintech más importante de América Latina, con 334, sólo antecedido por Brasil que cuenta con 377 (año 2018). En ese contexto, el 9 de marzo de 2018 México emitió la Ley para Regular las Instituciones de Tecnología Financiera (LRITF). El 10 septiembre de 2018, se emitieron las DCG a que se refiere el artículo 58 de la LRITF en las que se establece el marco normativo en materia de prevención de operaciones con recursos de procedencia ilícita y financiamiento al terrorismo".

El riesgo radica en que los servicios de financiamiento a través de estas empresas es un sector joven, por lo que aún deben implementarse los mecanismos de prevención y detección de las operaciones con recursos de procedencia ilícita, de manera que la UIF los considera un riesgo emergente en México, sobre todo en los servicios denominados como activos virtuales, por lo que el siguiente paso es darle certeza a sus actividades, a pesar de esto, la tecnología avanza a pasos agigantados y rebasa la capacidad técnica de las instituciones de regulación.

Por lo que existen muchas áreas que deben atenderse para no dar pasos en sentido contrario al desarrollo de este sector que los riesgos se manifiesten en ambientes no regulados o donde existan medios en los que las instituciones reguladoras cuenten con poca visibilidad para detectarlos.

Como consecuencia de lo anterior desde 2018 existe la Ley para Regular las Instituciones de Tecnología Financiera y hasta la fecha se hacen ajustes a medida que se observen las formas en que se desenvuelve el sector y autoridades con el marco normativo actual que resulta ya robusta con exigencias muy limitadas que tienen las demás instituciones que forman parte del Sistema Financiero Mexicano.

Para ello se exigen mecanismos de conocimiento del cliente, pues el procedimiento que representa el otorgamiento de créditos no es presencial, es a través del uso de tecnologías y es de aplicación remota, esto incrementa el nivel de riesgo, incluso las de activos virtuales son consideradas de riesgo emergente con características de alto riesgo.

Cabe señalar que el Capítulo II, del Título VI de la Ley Fintech aborda el tema de los siguientes delitos:

- Delitos para la Protección del Patrimonio de los Clientes de las ITF y de las Sociedades Autorizadas para operar con Modelos Novedosos.
- Delitos contra la adecuada operación de las ITF, o de las Empresas Autorizadas para operar con Modelos Novedosos.
- Delitos para la Protección del Patrimonio de las ITF y de las Sociedades Autorizadas para operar con Modelos Novedosos.

Dentro de estas secciones se incorporan aquellos que atenten contra los clientes, las operaciones y el propio patrimonio de las instituciones de tecnología financiera y aquellas autorizadas para operar con modelos novedosos, señalando principalmente las sanciones a que se hacen acreedores en cualquiera de estos casos.

El Banco de México emitió la circular 04/19 que restringe las operaciones realizadas con activos virtuales que pudieran ser ofrecidas por Instituciones de Crédito a sus clientes, limitándolas a operaciones internas y sujetas a una autorización previa otorgada por el propio Banco de México, además de estar obligadas a impedir que se transmita de manera directa o indirecta el riesgo que caracteriza a estas operaciones con activos virtuales entre sus clientes, sin embargo, Banxico no impide que empresas no financieras ofrezcan estos servicios, sin embargo se les reconoce el riesgo emergente por ello se requieren de medidas de supervisión, inspección y vigilancia, ya que están tomando gran auge en el mercado, sobre todo en la población más joven, principalmente por el bombardeo mediático que existe.

Incluso se ha anunciado el proyecto que el Banco de México tiene para crear su propia moneda digital, misma que podría ver su existencia para 2024, sin embargo, esta no sería una criptomoneda, ya que es una CBDC (Central Bank Digital Currencies) cuyas características son:

- No usan el conocido blockchain o cadena de bloques
- Son respaldadas por los bancos centrales de cada país, que es una institución centralizada
- Fluctúan bajo su misma oferta monetaria, como lo hace el peso mexicano en Banxico
- Las monedas digitales no presentan volatilidad como ocurre con BTC y las principales criptomonedas.

Este tipo de moneda digital está orientada a ser usada como dinero en efectivo y estaría respaldada por el Banco de México, ésta surge como una forma de optimizar los costos que representa la administración del efectivo físico, de manera que no son criptomonedas, son representaciones digitales de la moneda de curso legal cuyo registro contable se establece en favor de cualquier sujeto.

El 10 de septiembre del 2018 se emitieron disposiciones de carácter general (DCG) en la Ley que Regula las Instituciones de Tecnología Financiera (LRITF) en las que se establece el marco normativo en materia de prevención de operaciones con recursos de procedencia ilícita y financiamiento al terrorismo, y que por su importancia se analizan a continuación.

3.2.1. Análisis del artículo 58 de la LRITF

El artículo 58 de la LRITF señala que las ITF están obligadas con lo que se establezca en las disposiciones de carácter general emitidas por la SHCP previa opinión de la CNBV a lo siguiente:

I. Establecer medidas y procedimientos para prevenir y detectar actos, omisiones u operaciones que pudiesen ubicarse en los supuestos de los artículos 139 Quáter o 400 Bis del Código Penal Federal.

Los ubicados en el 139 Quáter son: Terrorismo (art. 139,139 Bis, 139 Ter), Sabotaje (art. 140), Terrorismo Internacional (art. 148 Bis, 148 Ter y 148 Quáter), Ataques a las vías de comunicación (art. 167 fracción IX, 170 párrafos primero, segundo y tercero) Robo (art. 368 Quinquies); y el 400 Bis tipifica la pena de cinco a quince años de prisión y de mil a cinco mil días de multas a aquellos que por sí o por interpósita persona realicen cualquiera de las conductas que representan las operaciones con recursos de procedencia ilícita y que se encuentran señaladas en las fracciones I y II del artículo 400 Bis del Código Penal Federal:

I. Adquiera, enajene, administre, custodie, posea, cambie, convierta, deposite, retire, dé o reciba por cualquier motivo, invierta, traspase, transporte o transfiera, dentro del territorio nacional, de éste hacia el extranjero o a la inversa, recursos, derechos o bienes de cualquier naturaleza, cuando tenga conocimiento de que proceden o representan el producto de una actividad ilícita, o

II. Oculte, encubra o pretenda ocultar o encubrir la naturaleza, origen, ubicación, destino, movimiento, propiedad o titularidad de recursos, derechos o bienes, cuando tenga conocimiento de que proceden o representan el producto de una actividad ilícita.

Continuando con el análisis del artículo 58, el segundo párrafo del primer inciso señala:

Las medidas y procedimientos a que se refiere el párrafo anterior, deberán estar contenidos y desarrollados en un documento que será presentado a la CNBV, en la forma y términos que se determinen en las disposiciones de carácter general a que se refiere este artículo.

La Comisión Nacional Bancaria y de Valores juega un papel de supervisor de las medidas y procedimientos cuyo objetivo es prevenir y detectar los actos señalados anteriormente, por lo que las ITF deben atender las formas y términos que se determinan en las DCG que señala el 58 de la LRITF.

Para el desarrollo de las medidas y procedimientos, las ITF deberán establecer una metodología, diseñada e implementada, para llevar a cabo una evaluación de los riesgos por los cuales pudieran ser utilizadas para llevar a cabo los actos, omisiones u operaciones a que se refiere el primer párrafo de esta fracción, derivado de los productos, servicios, prácticas o tecnologías con los que operen.

No todas las ITF ofrecen los mismos productos, ya que dentro de la Ley se contemplan las de financiamiento colectivo, las de fondos de pago electrónico, las de operaciones con activos virtuales, de manera que según los servicios, prácticas e incluso dependiendo del tipo de tecnología que se ocupe en sus operaciones dependerá el desarrollo de medidas y procedimientos que se deben reportar a la CNBV con el objetivo de que se aseguren acciones eficaces en control de riesgos en materia de operaciones con recursos de procedencia ilícita y por supuesto de LD/FT.

Toda la información relativa a la metodología, incluyendo los resultados, deberá estar a disposición de la Secretaría y de la CNBV, pudiendo esta última ordenar a las ITF la adopción de las modificaciones o adiciones que estime pertinentes, y ...

Este último párrafo del primer inciso señala a la CNBV como los responsables de definir modificaciones o adiciones que considere adecuadas en los procesos de las ITF en materia de prevención de riesgos señalados en el primer párrafo del inciso, y a la SHCP como otra institución en la que recae la atención de esta información metodológica de supervisión y control de riesgos por parte de las ITF.

Ahora bien, el segundo inciso de este artículo 58 de la LRITF señala:

II. Presentar a la Secretaría, por conducto de la CNBV, los reportes sobre:

a) Los actos, Operaciones y servicios que realicen con sus Clientes y las Operaciones entre estos, según corresponda, relativos a la fracción anterior, y

b) Todo acto, operación o servicio que realicen los miembros del consejo de administración, directivos, funcionarios, empleados, factores y apoderados, que pudiesen ubicarse en el supuesto previsto en la fracción I de este artículo o que, en su caso, pudiesen contravenir o vulnerar la adecuada aplicación de las disposiciones de carácter general a que se refiere este artículo.

Este segundo inciso demuestra que no solo se trata de obtener información sobre actos, operaciones y servicios realizados por parte de los clientes, sino que también de los miembros de la ITF, consideradas como internas preocupantes, definidas como aquellas que han sido cometidas por funcionarios internos de la institución, que pueden ser alarmados derivado de que no siguen un comportamiento esperado, e incluso éstas son las que menos se reportan en el país. Ortíz de Montellano Velázquez señala que se registraron 3 millones, cifra que es menor en un 6.2% comparada a las 3 millones 200 mil operaciones observadas en el mismo periodo de año pasado.[38]

> *Los reportes a que se refiere la fracción II de este artículo, de conformidad con las disposiciones de carácter general previstas en este artículo, se elaborarán y presentarán tomando en consideración, cuando menos, las modalidades que al efecto estén referidas en dichas disposiciones; las características que deban reunir los actos, Operaciones y servicios a que se refiere este artículo para ser reportados, teniendo en cuenta sus montos, frecuencia y naturaleza, los instrumentos monetarios y financieros con que se realicen y las prácticas comerciales que se observen, así como la periodicidad y los sistemas a través de los cuales habrá de transmitirse la información. Los reportes deberán referirse cuando menos a Operaciones que se definan por las disposiciones de carácter general como relevantes, internas preocupantes e inusuales, las relacionadas con transferencias internacionales y operaciones en efectivo realizadas en moneda extranjera.*

En este párrafo se aborda lo que se venía estableciendo sobre los tipos de reportes que recibió la Unidad de Inteligencia Financiera:

- Operaciones Relevantes.
- Operaciones Internas preocupantes
- Operaciones Inusuales
- Operaciones relacionadas con transferencias internacionales
- Operaciones en efectivo realizadas con moneda extranjera.

Estos reportes deberán tomar en cuenta los montos, frecuencia y naturaleza, los instrumentos monetarios y financieros con que se realicen como las prácticas comerciales que se observen, así como la periodicidad y los sistemas a través de los cuales habrá de transmitirse

[38] Ortíz de Montellano Velázquez, Daniel A. 2016. Incrementa el número de operaciones inusuales e internas preocupantes. México. Instituto Mexicano de Contadores Públicos, p. 3.

la información, de manera que sea clara su connotación señalada con el tipo de reporte.

> *Asimismo, la Secretaría, considerando las características de las Operaciones y actividades llevadas a cabo por las ITF, en las disposiciones de carácter general a que se refiere este artículo, emitirá los lineamientos sobre el procedimiento y criterios, así como los casos, la forma, los términos y los plazos en que las ITF deberán observar respecto de:*
>
> *I. El adecuado conocimiento de sus Clientes, para lo cual las ITF deberán considerar los antecedentes, condiciones específicas, actividad económica o profesional y las zonas geográficas en que operen;*

Este primer inciso retoma la información propia de las operaciones de los clientes, tal como lo hacen las instituciones de banca múltiple, considerando historiales, actividades comerciales y las zonas geográficas en que operen, sin embargo, al ser intermediarios que trabajan vía remota, muchas veces esta información puede quedar mal registrada e incluso se pueden presentar datos falsos.

> *II. La información y documentación que las ITF deban recabar para la celebración de las Operaciones y servicios que presten y que acredite plenamente la identidad de sus Clientes;*

Sobre la incógnita que deja el inciso anterior, en este segundo párrafo se trata de corregir, a través de obligar a las ITF a recabar y acreditar de manera plena la identidad de sus clientes, sin embargo, se recalca que la metodología es diseñada por la propia ITF y la CNBV tiene la función de su escrutinio.

> *III. La forma en que las ITF deberán resguardar y garantizar la seguridad de la información y documentación relativas a la identificación de sus Clientes o quienes lo hayan sido, así como la de aquellos actos, Operaciones y servicios reportados conforme al presente artículo;*

Es evidente el grado de riesgo que caracteriza las operaciones que llevan a cabo las ITF, por ello, esta legislación sustenta sus bases normativas en la recopilación exhaustiva de información de los clientes de estas instituciones, ya en incisos anteriores se han señalado los puntos de escrutinio que deben atender para reducir el nivel de riesgo de promover operaciones con recursos de procedencia ilícita a través de sus plataformas digitales, es por ello que el inciso III señala la obligación de garantizar la seguridad de toda esta información proporcionada por el cliente, así como de las operaciones que han realizado.

> *IV. Los términos para proporcionar capacitación al interior de las ITF sobre la materia objeto de este artículo;*

La capacitación es un factor primordial, en las instituciones de banca múltiple los miembros que tienen contacto con el cliente deben responder a una serie de certificaciones que aseguren que cuentan con una formación en materia de PLD/FT, así como de las diferentes formas de llevar a cabo los reportes a la UIF, para las Instituciones de Tecnología Financiera no es distinto, la capacitación juega un papel primordial para proteger no solo a sus clientes, sino la propia integridad de la empresa y del Sistema Financiero Mexicano.

> *V. El uso de sistemas automatizados que coadyuven al cumplimiento de las medidas y procedimientos que se establezcan en las disposiciones de carácter general a que se refiere este artículo;*

Otro de los lineamientos que señala la SHCP que las ITF deben observar es en materia del uso de inteligencia artificial como herramienta de apoyo para el cumplimiento de medidas y procedimientos señalados en éste artículo, es decir, todos aquellos algoritmos, secuencias, lógicas y software que han sido usados para reducir el riesgo de ORPI y los demás delitos señalados en el inciso I referentes a las operaciones de la ITF.

> *VI. El establecimiento de un comité de comunicación y control, así como la designación de un oficial de cumplimiento con funciones y obligaciones en la materia a que se refiere este artículo al interior de cada ITF, y*

El inciso sexto señala que las ITF deben establecer un comité de comunicación y control, además de un oficial de cumplimiento con funciones y obligaciones en materia de prevención de los delitos señalados en el inciso I (Terrorismo, Sabotaje, Terrorismo Internacional, Ataques a las vías de comunicación, Robo, y aquellos que por sí o por interpósita persona realicen cualquiera de las conductas que representan las operaciones con recursos de procedencia ilícita y que se encuentran señaladas en las fracciones I y II del artículo 400 Bis del Código Penal Federal. Por la importancia de este apartado, se profundizará en el inciso 2.2.3.

VII. La revisión que deberán realizar de forma anual por parte del área de auditoría interna o bien por un tercero independiente sobre la efectividad del cumplimiento de las disposiciones de carácter general a que se refiere este artículo.

Finalmente, el séptimo inciso señala que las ITF deben pronunciar la forma en como conducirán la revisión anual por parte del área de auditoría interna o externa que certifique la autenticidad del cumplimiento de las DCG de este artículo 58, esto quiere decir que toda la metodología estará sujeta a una auditoría interna o externa que deberá responder a la SHCP demostrando que el método es eficiente y que se ha logrado prevenir los delitos señalados en el inciso I.

Las ITF deberán conservar, por al menos diez años la información y documentación a que se refiere la fracción III del párrafo anterior, sin perjuicio de lo establecido en otras disposiciones jurídicas aplicables.

Este párrafo determina que la información debe ser conservada al menos diez años que ha sido debidamente resguardada cuya seguridad ha sido garantizada, con el objetivo de poder ser consultadas en estos periodos por parte de la SHCP o por la CNBV.

Al efecto, tanto el oficial de cumplimiento a que se refiere la fracción VI del párrafo tercero de este artículo, como el auditor o el tercero independiente responsable de la revisión señalada en la fracción VII de dicho párrafo deberán obtener la certificación prevista en el artículo 4, fracción X de la Ley de la Comisión Nacional Bancaria y de Valores

Este párrafo se analizará a profundidad en el inciso 2.2.4, por el momento se puede hablar de los requisitos del oficial de cumplimiento en materia de certificación por parte de la CNBV.

La Secretaría estará facultada para requerir y recabar, por conducto de la CNBV, información y documentación relacionada con los actos, Operaciones y servicios a que se refiere este artículo. Las ITF estarán obligadas a proporcionar dicha información y documentación. Asimismo, la Secretaría estará facultada para obtener información adicional de otras personas con el mismo fin y a proporcionar información a las autoridades competentes.

Este párrafo señala la facultad jurídica que tiene la SHCP para requerir y recabar información y documentación relacionada con los actos, operaciones y servicios de los clientes como de los propios miembros de las ITF, mismas que están obligadas a proporcionar la información, además de que también se encuentra facultada para obtener información a través de terceros y así proporcionar una información al canal correspondiente, esto mediante las medidas como procedimientos propios de la CNBV. Los siguientes párrafos del estudiado artículo corresponden al análisis de los siguientes incisos.

Cabe señalar la similitud que existe con las disposiciones de carácter general aplicables a entidades financieras, establecidas en el artículo 115 de la Ley de Instituciones de Crédito, excepto por los dos últimos incisos que abordan el establecimiento de un comité de comunicación y control, además de la designación del Oficial de cumplimiento, detallando funciones y obligaciones al interior de la ITF, además de la revisión aplicada por un tercero o por el área de auditoría en la efectividad del cumplimiento de las disposiciones de carácter general señaladas en el artículo 58 de la LITF.

3.2.2. Suspensión inmediata de actos, operaciones o servicios con clientes señalados por la SHCP

Los siguientes párrafos del artículo 58 de la LRITF señalan:

> *Las ITF deberán suspender de forma inmediata la realización de actos, Operaciones o servicios con los Clientes que la Secretaría les informe mediante una lista de personas bloqueadas que tendrá el carácter de confidencial. La lista de personas bloqueadas tendrá la finalidad de prevenir y detectar actos, omisiones u Operaciones que pudieran ubicarse en los supuestos previstos en la fracción I del párrafo primero de este artículo.*

Este párrafo señala la obligación que tienen las ITF de suspender actividades con clientes señalados por la SHCP y que se encuentren en una lista de personas bloqueadas cuya finalidad es la de advertir sobre posibles actos que caen en los supuestos de la fracción I, estas listas responden a otra de las recomendaciones por parte del GAFI, que aborda la implementación de sanciones financieras para cumplir con las resoluciones relativas al PLD/FT.

Como consecuencia, mediante publicación en el Diario Oficial de la Federación de fecha 10 de enero de 2014, se modificaron las leyes financieras y se previó la obligación de los sujetos obligados de suspender de forma inmediata la realización de todos los actos, operaciones o servicios que celebren con los clientes o usuarios que les informe la SHCP mediante una Lista de Personas Bloqueadas, cuyos parámetros para introducir a personas a ésta son:

1. Aquellas que se encuentren dentro de las listas emitidas por el Consejo de Seguridad de la ONU y organizaciones internacionales.
2. Aquellas que den a conocer autoridades extranjeras, organismos internacionales o agrupaciones intergubernamentales, previamente determinadas por la SHCP.
3. Aquellas que den a conocer las autoridades nacionales porque se encuentran relacionadas con los delitos de lavado de dinero y financiamiento al terrorismo o que se encuentren compurgando sentencia por estos delitos.
4. Aquellas que las autoridades nacionales determinen que hayan realizado o realicen actividades que formen parte, auxilien, o estén relacionadas con dichos delitos; y
5. Aquellas que omitan proporcionar información o datos, encubran o impidan conocer el origen, localización, destino o propiedad de recursos, derechos o bienes que provengan de los mencionados delitos.

La obligación de suspensión a que se refiere el párrafo anterior dejará de surtir sus efectos cuando la Secretaría elimine de la lista de personas bloqueadas al Cliente en cuestión.

La Secretaría establecerá, en las disposiciones de carácter general a que se refiere este artículo, los parámetros para la determinación de la introducción o eliminación de personas en la lista de personas bloqueadas.

Entre los parámetros que ocupa la SHCP para la eliminación de personas a esta lista se encuentran:

1. Cuando las autoridades extranjeras, organismos internacionales, agrupaciones intergubernamentales o autoridades mexicanas eliminen a las personas de sus listas.
2. Cuando se considere que no hayan realizado o realicen actividades que formen parte, auxilien, o estén relacionadas con los delitos de lavado de dinero y financiamiento al terrorismo.
3. Cuando el juez penal dicte sentencia absolutoria o que la persona haya compurgado su condena.

4. Cuando así lo resuelva la Unidad de Inteligencia Financiera de la SHCP de conformidad con el procedimiento establecido para tal efecto.
5. Cuando así lo determine la autoridad judicial o administrativa competente.

Este tipo de listas también son utilizadas en materia fiscal, con el artículo 69-B del CFF, en donde se ocupan las listas como sanciones financieras por no responder a los señalamientos del citado artículo en materia de simulación de operaciones, que también está relacionado con el blanqueo de capitales y financiamiento al terrorismo. La lista es publicada en el Diario Oficial de la Federación, es responsabilidad de la persona jurídica el atender estas publicaciones y así evitar tener relaciones comerciales con una empresa bajo el supuesto de operaciones simuladas.

3.2.3. La obligación de implementar un programa de cumplimiento en las ITF

El sexto inciso del segundo párrafo señala la obligación de las ITF de establecer un comité de comunicación y control, así como la designación de un oficial de cumplimiento con funciones y obligaciones en la materia de prevención de LD/FT, así como de los demás delitos señalados en el primer inciso del primer párrafo del artículo 58 de la LRITF.

Hablar de investigaciones internas en las empresas se limitaba a procesos de esclarecimiento de vicisitudes que en su mayoría resultaban de índole laboral, sin embargo, a través del fortalecimiento de instituciones de fiscalización como el Servicio de Administración Tributaria, la Unidad de Inteligencia Financiera, e incluso la incorporación de artículos como el 69-B (Simulación de Operaciones) al Código Fiscal de la Federación, demuestran la orientación política fiscal, por construir una estructura más sólida en materia legislativa que vaya en contra de actos que tengan efecto en la recaudación tributaria del país.

Tal es el caso de los efectos del Lavado de Dinero y Financiamiento al Terrorismo, de la utilización de Tecnologías de la Información y Comunicación en empresas de la industria financiera, corrupción en las relaciones comerciales entre particulares y el Estado, actos de defraudación fiscal, e incluso la incorporación de estrategias fiscales agresivas, que ahora deben ser esclarecidas según el Título Sexto del Código Fiscal de la Federación.

Es importante señalar que los procesos de indagación interna en las empresas no es una tarea sencilla, pues se mezclan ramas de ordenamientos que incluso se rigen por principios distintos, como ejemplo está la materia penal, la laboral, la tributaria, entre otras, sin embargo, los eventos pronunciados en las últimas décadas entorno a la relación jurídica entre la empresa y el Estado obliga a que se incorporen metodologías más estructuradas apegadas a las diferentes legislaciones, con el objetivo de dar cumplimiento a ellas y de esa manera mantener una sana relación incluso con la sociedad en la que cohabitan.

Esto responde también a la obligación penal que tiene la persona jurídica, ya que en el artículo 421 del Código Nacional de Procedimientos penales se señala que las personas jurídicas serán penalmente responsables, de los delitos cometidos a su nombre, por su cuenta, en su beneficio o a través de los medios que ellas proporcionen, cuando se haya determinado que además existió inobservancia del debido control en su organización...

Se habla de una inobservancia del debido control en la empresa, misma que puede ser cubierta a través de un programa de cumplimiento, esto según el artículo 11-Bis del Código Penal Federal que señala que en todos los supuestos previstos en el artículo 422 del Código Nacional de Procedimientos Penales, las sanciones podrán atenuarse hasta en una cuarta parte, si con anterioridad al hecho que se les imputa, las personas jurídicas contaban con un órgano de control permanente, encargado de verificar el cumplimiento de las disposiciones legales aplicables para darle seguimiento a las políticas internas de prevención delictiva y que hayan realizado antes o después del hecho que se les imputa.

Como consecuencia, un órgano de cumplimiento tiene la obligación de prevenir la operacionalización de los diferentes aspectos que conducen a la tipificación de alguno de los delitos señalados no solo en el primer párrafo del artículo 58 de la Ley Fintech, sino a los señalados en el artículos 422 del CNPP, ya que incluso la responsabilidad se señala en el décimo párrafo del 58 de la Ley Fintech al decir que las disposiciones de carácter general a que se refiere este artículo deberán ser observadas por las ITF, así como por sus miembros del consejo de administración, directivos, funcionarios, empleados, factores y apoderados respectivos, por lo cual, tanto las ITF como las personas mencionadas serán responsables del estricto cumplimiento de las obligaciones que mediante dichas disposiciones se establezcan, mecanismos diseñados e implementados por el órgano de cumplimiento.

3.2.4. La certificación del oficial de cumplimiento según la fracción X del artículo 4 de la Ley de la Comisión Nacional Bancaria y de Valores

Las exigencias de un programa de cumplimiento comprenden la individualización de actividades de riesgo en función de la empresa, desarrollo de protocolos, autonomía en la gestión de riesgos, desarrollo de obligaciones de información y por supuesto, el diseño de la estructura del sistema disciplinario. De modo que sus características exigen a un responsable, que elabore manuales internos, procedimientos, controles y asesore en materia de cumplimiento, esta función es responsabilidad del *Complianc e Officer* u Oficial de Cumplimiento.

Verver y Vargas Funes señalan que el oficial de cumplimiento es la persona responsable de vigilar la adecuada implementación y funcionamiento del Sistema de Prevención del Lavado de Activos, y Financiamiento del Terrorismo en el sujeto obligado,[39] evidentemente la conceptualización que hace el autor está dirigida principalmente a empresas del sector financiero, esto se debe a que este concepto tiene un fundamento legal en la legislación de México, descritas en la Ley en materia de mercado de valores, la correspondiente a la prevención contra el lavado de dinero, e incluso la de protección de datos personales, que evidentemente tienen un carácter más financiero.

Dada la importancia que se le debe conceder a este cargo, debe ser considerado como alto nivel ejecutivo, pues tiene intervención en diferentes áreas de la empresa, sobre todo en materia financiera, penal

---

39 Verver y Vargas Funes, Carlos. 2018. El Oficial de Cumplimiento. México. Dossier, p. 18.

y de seguridad, la SHCP señala que se trata de un funcionario independiente de las unidades encargadas de promover o gestionar los productos financieros, sin funciones de auditoría interna, que también podrá ser el mismo de otras entidades que formen parte de un grupo financiero.

Sin embargo, Pereyra señala que el oficial de cumplimiento no solo se encarga del reporte de operaciones y actividades sospechosas en materia financiera, sino que es responsable de la política global de la empresa de que se trate en toda la materia de cumplimiento, esto significa que es el encargado de que la empresa cumpla con las normas que son todo el haz obligacional establecido por instrumentos internacionales, leyes, reglamentos, circulares, su obligación va más allá de lo ordinario, de lo estándar.[40] Por otro lado, no siempre se trata de una sola persona, pues según el tamaño de la persona jurídica, el órgano de cumplimiento podrá estar constituido por una o por varias personas, con la suficiente información y autoridad.

La fracción X del artículo 4 de la Ley de la Comisión Nacional Bancaria y de Valores señala:

> X. *Certificar a los auditores externos independientes y demás profesionales, a efecto de que presten sus servicios a las entidades y personas sujetas a la supervisión de la Comisión para la verificación del cumplimiento de las leyes financieras y de las disposiciones que emanen de ellas en materia de prevención, detección y reporte de actos, omisiones u operaciones que pudiesen ubicarse en los supuestos de los artículos 139, 148 Bis o 400 Bis del Código Penal Federal, por parte de las entidades y personas obligadas a dicho régimen, así como a los oficiales de cumplimiento, en términos de las disposiciones de carácter general que expida la Comisión para tales efectos. Dicha certificación, en términos de las citadas disposiciones, deberá renovarse cada cinco años;*

Como ya bien se había comentado, la capacitación en materia de prevención de lavado de dinero y financiamiento al terrorismo, es fundamental para reducir el riesgo que produce llevar a cabo actividades a través de las ITF, de modo que se prevengan las operaciones con recursos de procedencia ilícita, está dirigido principalmente a todas

---

40 Pereyra, Nicolás. 2012. La Responsabilidad Penal del Oficial de Cumplimiento. Uruguay. Universidad de Montevideo, p. 48.

aquellas personas que coadyuvan en el tema de la materia de PLD/FT, como son los oficiales de cumplimiento en entidades financieras, así como auditores internos y externos independientes que revisan esta materia.

El hecho de cumplir con la certificación brinda de seguridad de que la persona que está llevando los temas tiene conocimientos mínimos para lograr que el régimen en materia de PLD se lleve a cabo de una manera adecuada. Cabe señalar que según el artículo 20 de la Ley Federal para la Prevención e Identificación de Operaciones con Recursos de Procedencia Ilícita, las personas jurídicas que realicen Actividades Vulnerables deberán designar ante la SHCP a un representante encargado del cumplimiento de las obligaciones derivadas de esta Ley.

Sin embargo, el concepto de oficial de cumplimiento no existe en la norma mexicana, lo más cercano a ello se encuentra en esta materia de Prevención de Lavado de Dinero a través del artículo 20 de la LFPIORPI, que obliga a las personas morales que realicen Actividades Vulnerables a designar ante la Secretaría a un representante encargado del cumplimiento de las obligaciones derivadas de la mencionada Ley, sin embargo, se pierde fuerza al señalarse que en tanto no haya un representante o designación actualizada en materia de cumplimiento, sus tareas y responsabilidades corresponderán a los integrantes del órgano de Administración o al administrador único.

Esto último es algo que ni siquiera la Ley General de Sociedades Mercantiles consciente, pues en su artículo 168 se señala que cuando hiciera falta la figura del comisario, el Consejo de Administración debe convocar en el término de tres días a Asamblea General de Accionistas para que se haga la designación correspondiente, y si esto no se produjera, cualquier accionista podría ocurrir ante autoridad judicial del domicilio de la sociedad, para que se hiciere la convocatoria, y si a pesar de esto no se reuniera la Asamblea, o que si se reúne no se hace designación del comisario, la autoridad judicial del domicilio de la sociedad, a solicitud de CUALQUIER ACCIONISTA, puede nombrar al responsable de la figura de Comisario, que funcionara hasta que la Asamblea General de Accionistas hiciera el nombramiento definitivo.

De manera que existen diferentes figuras fiscalizadoras de la gestión empresarial, sin embargo, no se le da el valor, la atención ni el interés que éste debiera tener, ya que como lo señala Mantilla Molina, en el caso del denominado comisariado (LGSM) es una institución inútil en la práctica, el comisario, en gran número de casos, es un compadre de los administradores, que se limita a firmar lo que se le pone por delante y a cobrar los honorarios, que anualmente se le asignan. Por regla general, carece de la capacidad técnica y de la independencia necesaria para el debido desempeño de su encargo.[41]

Como consecuencia, se vuelve necesaria la imposición a las personas jurídicas la obligación de fidelidad al Derecho, concretada a través de una reglamentación de esquemas y mecanismos de institucionalización de una cultura de cumplimiento empresarial que sea responsable de las diferentes responsabilidades establecidas en las diversas materias legislativas, incluso el órgano de cumplimiento puede subdividirse en laboral, penal, tributario, mercantil, civil, etc. y deberá atender las normas que atañen a las actividades comerciales de la persona jurídica.

3.3. LA TRASGRESIÓN A LA CONFIDENCIALIDAD ANTE EL CUMPLIMIENTO DE LAS OBLIGACIONES Y EL INTERCAMBIO DE INFORMACIÓN A QUE SE REFIERE EL ARTÍCULO 58 DE LA LEY FINTECH

Los últimos párrafos del artículo 58 de la Ley Fintech o la LRITF señalan:

> *Las ITF podrán intercambiar información entre sí y con otras entidades del sistema financiero mexicano, incluidos centros cambiarios, transmisores de dinero y asesores en inversiones, facultados para ello en las respectivas leyes financieras, así como con entidades financieras extranjeras, en términos de las disposiciones de carácter general a que se refiere el presente artículo, con el fin de fortalecer las medidas y procedimientos para prevenir y detectar actos, omisiones u operaciones que pudiesen ubicarse en los supuestos de los artículos 139 Quáter o 400 Bis del Código Penal Federal, o aquellas para prevenir y detectar actos, omisiones u operaciones que puedan favorecer, prestar ayuda, auxilio o cooperación de cualquier*

---

41 Mantilla Molina, Roberto. 2001. Derecho Mercantil. México. Porrúa, p. 437.

> *especie para la comisión de los delitos en contra de sus Clientes o de las propias entidades.*
>
> *En las disposiciones de carácter general a que se refiere este artículo, la Secretaría establecerá los casos, la forma y los términos en que las ITF darán cumplimiento a las obligaciones contenidas en este artículo y a las demás obligaciones previstas en dichas disposiciones, así como los plazos y medios a través de los cuales comunicarán o presentarán a la Secretaría, por conducto de la CNBV, o a esta última, según corresponda, la información y documentación que así lo acredite.*
>
> *El cumplimiento de las obligaciones y el intercambio de información a que se refiere este artículo no implicarán trasgresión alguna a la obligación de confidencialidad que se impone a las ITF respecto de sus Clientes y las Operaciones que estos realizan, ni constituirá violación a las restricciones de revelación de información establecidas vía contractual.*

La LRITF señala que las ITF están obligadas a proporcionar información a la CNBV y a Banxico, además de que la propia SHCP tiene la facultad para solicitar esta información, en materia de operaciones realizadas entre sus clientes, incluso respecto de algunas de ellas en lo individual, los datos permiten estimar la situación financiera y cualquiera que le sea de utilidad a estas instituciones para asegurar el adecuado cumplimiento de sus funciones en forma y término que las diferentes autoridades señalen.

Ahora bien, el artículo 70 de la legislación analizada declara que las solicitudes de información señaladas no implican trasgresión alguna a la obligación de confidencialidad legal, ni constituye violación a restricciones sobre revelación de información establecidas en las respectivas vías contractuales, como se ha venido recalcando, los datos de las actividades e información personal de los clientes e incluso de los miembros de la empresa son importantes en la lucha contra el lavado de dinero y financiamiento al terrorismo, sin embargo, también hay que señalar que ésta información debe ser tratada de manera delicada, ya que las personas tienen derecho de que los datos que les sean recabados se mantengan y procesen con la confianza de que no serán usados en actividades especificadas en los contratos correspondientes.

Cabe señalar que las DCG atienden el tema del intercambio de información al señalar que para el mejor cumplimiento de las obligaciones en materia de prevención y detección de operaciones con recursos de procedencia ilícita y financiamiento al terrorismo se requiere prever la posibilidad legal del intercambio de información entre ITF, otras Entidades Financieras y sujetos obligados, así como la coordinación entre autoridades.

Incluso prevé el tema en su Título Décimo Primero, del intercambio de información que señala que éstas podrán intercambiar información de las Operaciones, actividades y servicios que realicen con sus Clientes o de estos entre sí, con el objeto de fortalecer las medidas y procedimientos para prevenir y detectar actos, omisiones u operaciones que pudiesen actualizar los supuestos previstos en los artículos 139 Quáter o 400 Bis del Código Penal Federal o favorecer, prestar ayuda, auxilio o cooperación de cualquier especie para la comisión de delitos en contra de sus Clientes o de la propia ITF.

3.4. CONSIDERACIÓN DEL INTERCAMBIO DE ACTIVOS VIRTUALES POR PARTE DE SUJETOS DISTINTOS A LAS ENTIDADES FINANCIERAS COMO ACTIVIDADES VULNERABLES SEÑALADOS EN EL ARTÍCULO 17 FRACCIÓN XVI DE LA LFPIORPI

El Banco de México considera que un activo virtual es una unidad de información que no representa la tenencia de algún activo subyacente a la par, y que es unívocamente identificable, incluso de manera fraccional, almacenada electrónicamente.[42]

El párrafo anterior trasluce la realidad de los activos virtuales, son unidades que no cuentan con un activo que respalde su valor, sino que está definido por la oferta y demanda, esta situación estará sujeta a la confianza de sus compradores, como consecuencia, la tecnología que soporta a los activos virtuales permite que las unidades de dichos

---

42 Banco de México. 2021. ¿Qué es un activo virtual? https://www.banxico.org.mx/sistemas-de-pago/1---que-es-un-activo-virtua.html. Recuperado el 15 de Enero de 2022.

activos e incluso sus fracciones no sean fungibles;[43] la falta de su carácter físico hace que permanezcan en una red virtual que contiene información transaccional de activos virtuales. La fracción XVI del artículo 17 de la Ley Federal para la Prevención e Identificación de Operaciones con Recursos de Procedencia Ilícita señala que:

> *XVI. El ofrecimiento habitual y profesional de intercambio de activos virtuales por parte de sujetos distintos a las Entidades Financieras, que se lleven a cabo a través de plataformas electrónicas, digitales o similares, que administren u operen, facilitando o realizando operaciones de compra o venta de dichos activos propiedad de sus clientes o bien, provean medios para custodiar, almacenar, o transferir activos virtuales distintos a los reconocidos por el Banco de México en términos de la Ley para Regular las Instituciones de Tecnología Financiera. Se entenderá como activo virtual toda representación de valor registrada electrónicamente y utilizada entre el público como medio de pago para todo tipo de actos jurídicos y cuya transferencia únicamente puede llevarse a cabo a través de medios electrónicos. En ningún caso se entenderá como activo virtual la moneda de curso legal en territorio nacional, las divisas ni cualquier otro activo denominado en moneda de curso legal o divisas.*
>
> *Serán objeto de Aviso ante la Secretaría cuando el monto de la operación de compra o venta que realice cada cliente de quien realice la actividad vulnerable a que se refiere esta fracción sea por una cantidad igual o superior al equivalente a seiscientas cuarenta y cinco Unidades de Medida y Actualización.*
>
> *En el evento de que el Banco de México reconozca en términos de la Ley para Regular las Instituciones de Tecnología Financiera activos virtuales, las personas que provean los medios a que se refiere esta fracción, deberán obtener las autorizaciones correspondientes en los plazos que señale dicho Banco de México en las disposiciones respectivas.*

Es necesario que en México existan reglas claras que tengan como objetivo prevenir el uso de activos virtuales en actividades tales como el lavado de dinero y el combate al financiamiento, así como reglas que busquen la protección de los consumidores. De esta manera, el Banco de México, derivado de las atribuciones que le otorga la Ley para Regular las Instituciones de Tecnología Financiera, así como de

---

43 Los bienes fungibles, en definitiva, son cosas que se gastan, se deterioran o se destruyen cuando son usadas.... El ejemplo típico de cosa fungible es el dinero: cuando alguien usa un billete (lo entrega), lo gasta y no puede volver a utilizarlo.

su rol como regulador del Sistema de Pagos Electrónicos Interbancarios (SPEI), ha emitido regulación que busca la consecución de estos objetivos.

El Banco de México presentó una regulación en la que se establece un mecanismo de solicitudes de autorización en la que se requiere a las instituciones interesadas presentar la forma en que atenderán los riesgos asociados a la operación con activos virtuales en caso de que decidan utilizarlos para su operación interna, sin considerar algún tipo de autorización que implique la operación con activos virtuales de cara al cliente, pues se considera que la provisión de servicios relacionados con activos virtuales al público en general por parte de las instituciones financieras no es conveniente y los riesgos asociados a los activos virtuales no deben impactar al usuario final.

Es importante destacar que, a pesar de que las ITF no estén autorizadas para ofrecer al público en general operaciones con activos virtuales, esto no implica que otras empresas distintas a éstas no puedan ofrecer servicios relacionados con activos virtuales. Tal es el caso de las casas de cambio de activos virtuales que ofrecen el servicio de compra-venta de activos virtuales al público, las cuáles, siempre y cuando no realicen actividades de captación o custodien recursos en moneda nacional o divisas de sus clientes, podrían continuar ofreciendo sus servicios. De esta forma, en México se podría acceder a los servicios de compra-venta de activos virtuales bajo el riesgo de quien decida realizar dichas operaciones y con la claridad de que no están respaldados por alguna institución financiera.

Actualmente, no hay un régimen de prevención de operaciones con recursos de procedencia ilícita o de financiamiento al terrorismo que aplique a aquellas personas distintas a las entidades financieras que, de manera habitual y profesional, ofrezcan el intercambio de activos virtuales a través de plataformas electrónicas, digitales o similares, que dichas personas administren u operen, facilitando o realizando operaciones de compra o venta de dichos activos propiedad de sus clientes o bien, provean medios para custodiar, almacenar, o transferir activos virtuales.

3.5. REQUISITOS DE AUTORIZACIÓN POR LA CNBV PARA SER RECONOCIDA COMO FINTECH

Para organizarse y operar como ITF se requiere obtener una autorización que será otorgada por la CNBV, previo acuerdo del Comité Interinstitucional,[44] en términos del Capítulo I del Título III de la Ley FinTech, es así como en el artículo 36 se señala que los interesados en obtener la autorización para actuar como ITF deberán ser Sociedades Anónimas constituidas o que pretendan constituirse como tales y que en sus estatutos sociales:

> *I. Contemplen en su objeto social la realización, de forma habitual o profesional, de alguna de las actividades previstas en esta Ley;*
>
> *II. Prevean expresamente que, en la realización de su objeto social deberán ajustarse a lo previsto en la presente Ley y en las disposiciones generales aplicables;*
>
> *III. Establezcan su domicilio en territorio nacional, y*
>
> *IV. Fijen un capital mínimo necesario para llevar a cabo sus actividades de acuerdo con lo previsto en las disposiciones de carácter general que para tal efecto emita la CNBV, el cual podrá estar diferenciado en función del tipo de actividades que realicen y riesgos que enfrenten. Previo a la emisión de dichas disposiciones se requiere del acuerdo del Comité Interinstitucional.*

Como consecuencia, todos los requisitos, disposiciones documentación adicional para solicitar la autorización para actuar como ITF información del capital mínimo, los límites para recepción de recursos en efectivo y transferencia de recursos, la contabilidad, y criterios contables, así como la valuación se encuentran señalados en las Disposiciones de Carácter General aplicables a las ITF. En el artículo 38 señala que las autorizaciones de las FinTech se van a publicar en el

[44] El Comité Interinstitucional se integra por seis miembros propietarios, dos de los cuales serán representantes de la Secretaría, dos del Banco de México y dos de la CNBV, designados por los respectivos titulares de dichas Autoridades Financieras. Por cada miembro propietario se designará un suplente. Fungirá como presidente del Comité Interinstitucional uno de los representantes de la CNBV designado con tal carácter por su titular y, en sus ausencias, el otro miembro de la CNBV.

Diario Oficial de la Federación, hablando de la operación el artículo 45 señala que todo se debe encontrar debidamente fondeado y pagado por transferencia bancaria, esto quiere decir que movimientos de efectivo no son aceptables.

La SHCP junto con la CNBV publican guías para la solicitud de autorización para la organización y operación de:

1. Instituciones de fondos de pago electrónico.
2. Instituciones de financiamiento colectivo.

Estas guías constituyen herramientas de apoyo a aquellos interesados en obtener la autorización por parte de la CNBV en materia de organización y operación de estos dos tipos de operaciones, en los términos dispuesto por los artículos 11 y 35 de la LRITF, cuyo objetivo será facilitar a los promoventes la adecuada integración de expedientes que constituirán el sustento documental de la solicitud.

Estas guías mencionan aspectos elementales que los promoventes deben exponer a los funcionarios en áreas competentes en materia de viabilidad, características y bondades de cada tipo de esquema de FinTech, sin perjuicio de un análisis posterior a la documentación que la propia autoridad debe llevar a cabo.

Evidentemente que como cualquier proceso es sujeto a mejoras y recomendaciones, de manera que el proceso para dar cabida a este tipo de instituciones deben responder principalmente a aquellas que den seguridad al usuario, pero principalmente al Sistema Financiero Mexicano, ya que los mecanismos que han delimitado los productos financieros a determinadas personas o clientes responden al riesgo que caracteriza a cada cliente, situación que se ha eliminado en estas denominadas FINTECH y que debiera ser tomado más en cuenta en materia de incremento de la cartera vencida.

Cabe señalar que las Fintech se financian tomando deuda de prestamistas institucionales o ceden parte de su patrimonio a cambio de dinero para prestar, esto conduce a que las tasas a las que financian no solo son más altas que a las que acceden los bancos, sino que tienen costos más altos para poder dispersar o recolectar sus créditos, situación que representa un riesgo.

Capítulo IV
DISEÑO DE ESTRATEGIAS DE PREVENCIÓN DE LAVADO DE DINERO A PARTIR DE LA LEY FINTECH

4.1. ANÁLISIS DEL CONCEPTO DE CONFORMIDAD CON LAS DISPOSICIONES DE CARÁCTER GENERAL QUE SE REFIEREN AL INTERCAMBIO DE INFORMACIÓN

Hablar del diseño de estrategias en materia de PLD se basa en el manejo efectivo de la información de: miembros de la ITF, clientes, proveedores, por supuesto de esquemas de colaboración que permitan el intercambio de información, no solo bipartita entre la Fintech y la CNBV, sino también en el intercambio de información entre las propias empresas de tecnología financiera: consultar el estatus de un candidato para alguno de los puestos de la empresa, sobre proveedores, y más importante: un sistema de debida diligencia del cliente.

García Gibson señala que el objetivo de un adecuado sistema de monitoreo debe ser el detectar la inusualidad de una transacción de una forma centralizada, y el alcance del mismo deberá comprender todo tipo de operaciones tanto activas, pasivas, de servicio, similares o ligadas, así como tantas personas físicas como morales.[45]

En materia de detección de acciones inusuales, la Inteligencia Artificial juega un papel importante, ya que se han implementado sistemas de detección de operaciones que no siguen un patrón lógico, esto a partir de la programación de algoritmos cuyo objetivo es la prevención delictiva a través modelos de aprendizaje automático, como el machine learning; sin embargo, el factor humano sigue siendo pieza

---

45 García Gibson, Ramón. 2009. Prevención del Lavado de Dinero. México. Instituto Nacional de Ciencias Penales, p. 161.

clave en la detección de operaciones inusuales por parte de compañeros laborales, proveedores y sobre todo de clientes.

Las Disposiciones de Carácter General (DCG) a que se refiere el artículo 58 de la Ley para Regular las Instituciones de Tecnología Financiera señala en su apartado de considerandos que el Programa Nacional de Financiamiento del Desarrollo 2013-2018 prevé la Estrategia 5.7 relativa a la detección de operaciones con recursos de procedencia ilícita y financiamiento al terrorismo mediante el análisis y diseminación de la información recibida, dentro de la cual se prevé la acción 5.7.4. que aborda el diseño de mecanismos que permitan elevar la diseminación de información a la autoridad procuradora de justicia, para contribuir al combate a los delitos de lavado de dinero y financiamiento al terrorismo; situación que conduce a al diseño de programas de cumplimiento en las Fintech, cuyas normas se encuentran establecidas en estas DCG, contemplando:

1. La debida diligencia del cliente,
2. El enfoque basado en riesgos,
3. El diseño de estructuras internas en materia de comunicación y control,
4. Capacitación y difusión,
5. Sistemas automatizados,
6. Confidencialidad,
7. Listas de personas bloqueadas
8. Reporte de:
   a) Operaciones relevantes
   b) Operaciones en efectivo en moneda extranjera
   c) Transferencias internacionales
   d) Operaciones inusuales
   e) Operaciones con activos virtuales
   f) Operaciones internas preocupantes
9. Auditoría en materia de cumplimiento de las DCG
10. Del Intercambio de información:
    a) Entre ITF
    b) Con otras entidades financieras

c) Con Entidades financieras extranjeras

11. Del Manual de Cumplimiento.

Es así como las DCG señalan que las Fintech tienen la posibilidad de intercambiar información sobre:

1. Operaciones.
2. Actividades.
3. Servicios.

Cualquiera de éstas realizadas con sus clientes o de estos entre sí, de manera que se fortalezcan los procedimiento y medidas preventivas en la detección de actos, omisiones u operaciones que caigan en el supuesto de Operaciones con Recursos de Procedencia Ilícita (400 Bis del Código Penal Federal), es decir, el lavado de dinero y financiamiento; evidentemente se agregan aquellos actos que representen un favorecimiento, ayuda, auxilio o cooperación de cualquier tipo para llevar a cabo estos delitos en contra de los clientes o de la propia Fintech.

Como consecuencia, en materia de intercambio de información a que hace referencia el capítulo primero del título décimo primero de las DCG, las empresas de tecnología financiera deben ajustarse a lo siguiente:

I. Podrá realizarse entre dos o más ITF.

II. Deberá ser solicitado por los funcionarios de la ***ITF autorizados*** para tales efectos, mediante escrito en el que deberá especificarse el motivo y la clase de información que se requiera. La solicitud a que se refiere la presente fracción podrá ser remitida de forma electrónica o digital asegurando la confidencialidad de la información.

III. La respuesta a la solicitud de información que haga una ITF deberá ser remitida por escrito firmado por un ***funcionario autorizado para tales efectos***, en un plazo que no deberá exceder de ***30 días naturales*** contados a partir de la fecha en que se hubiere solicitado. La respuesta a que se refiere la presente fracción podrá ser remitida de forma electrónica o digital asegurando, la confidencialidad de la información.

IV. La información que se proporcione en términos de lo señalado en el presente artículo ***solo podrá ser utilizada por la ITF*** que la hubiere solicitado, salvo que en el escrito de respuesta se establezca que se trata de información que puede a su vez ser compartida a otras ITF.

V. Las ITF podrán, sin necesidad de recibir la solicitud a que se refiere la fracción II, compartir con otras ITF la información que consideren relevante para fortalecer las medidas y procedimientos de prevención y detección de actos, omisiones u operaciones que pudiesen actualizar los supuestos previstos en el 400 Bis del Código Penal Federal o favorecer, prestar ayuda, auxilio o cooperación de cualquier especie para la comisión de delitos en contra de sus Clientes o de la propia ITF, a través de los mecanismos que para tales efectos establezcan..

Este primer esquema de intercambio de información entre empresas Fintech se sustenta en el grado de compromiso de prevención delictiva de estas empresas, traducido en un debido programa de criminal compliance centrado en atender actos que puedan representar el injusto de la persona jurídica, participando por supuesto tanto la SHCP y la CNBV como intermediarios en esta transferencia de información, debido a que debe mantenerse al margen de la Ley de Protección de Datos Personales, es decir, permitir el tratamiento de los datos personales entre las Fintech en determinadas situaciones, pero siempre teniendo como objetivo preservar al usuario.

Cabe señalar que el artículo 76 de la Ley Fintech señala que están obligadas a establecer interfaces de programación de aplicaciones informáticas estandarizadas que posibiliten la conectividad y acceso de otras interfaces desarrolladas o administradas por: Entidades Financieras, transmisores de dinero, sociedades de información crediticia, cámaras de compensación ITF y sociedades autorizadas para operar con Modelos Novedosos, así como terceros especializados en TICs con el fin de que se puedan compartir la siguiente clasificación de información:

I. Datos financieros abiertos: son aquellos generados por las entidades mencionadas en el párrafo anterior que ***no contienen información confidencial***, tales como información de productos y servicios que ofrecen al público general, la ubicación de sus oficinas y sucursales, cajeros automáticos u otros puntos de acceso a sus productos y servicios, entre otros según sea aplicable;

II. Datos agregados: son los relativos a cualquier tipo de información estadística relacionada con operaciones realizadas por o a través de las entidades mencionadas, sin contener un nivel de desagregación tal que puedan identificarse los datos personales o transacciones de una persona. Solamente tendrán acceso a los datos agregados las personas que cuenten con los ***mecanismos de autenticación*** que establezcan las Comisiones Supervisoras, o el Banco de México para el caso de las cámaras de compensación y sociedades de información crediticia a que se refiere el primer párrafo de este artículo, mediante disposiciones de carácter general que para tal efecto emitan, y

III. Datos transaccionales: aquellos relacionados con el uso de un producto o servicio, incluyendo cuentas de depósito, créditos y medios de disposición contratados a nombre de los clientes de las entidades mencionadas en el primer párrafo de este artículo, entre otra información relacionada con las transacciones que los clientes hayan realizado o intentado realizar en su Infraestructura Tecnológica. Estos datos, en su carácter de datos personales de los clientes, solo podrán compartirse con la previa autorización expresa de éstos

Es evidente que los datos transaccionales representan la sustancia principal en el algoritmo que los mecanismos de inteligencia artificial requieren para la detección de operaciones inusuales, es decir, detectar acciones que salgan del rango de lo gestionado como operaciones normales de cada cliente según las actividades comerciales que han manifestado realizar, sin embargo, tienen un carácter de datos personales de los clientes, por lo que solo puede ser utilizada para fines estrictamente autorizados por el cliente.

Esta situación nos conduce a contemplar una de las recomendaciones del GAFI, la número 18 sobre los controles internos y filiales y subsidiarias; a través del cual se proponen mecanismos a las autoridades financieras a exigir a las instituciones financieras que implementen programas contra el lavado de activos y el financiamiento del terrorismo, así como a los grupos financieros que implementen a nivel de todo el grupo programas contra el lavado de activos y el financiamiento del terrorismo, incluyendo políticas y procedimientos para intercambiar información dentro del grupo para propósitos PLD/FT.

Entre las notas interpretativas sobresale la que señala que los programas de los grupos financieros en materia de PLD/FT deben ser aplicables a todas las sucursales y filiales de propiedad mayoritaria del grupo financiero, mismos que deben incluir medidas como:

- El desarrollo de políticas, procedimientos y controles internos, incluyendo acuerdos apropiados de manejo del cumplimiento y procedimientos adecuados de inspección, para asegurar ***elevados estándares a la hora de contratar a los empleados***;
- Un programa continuo de ***capacitación*** a los empleados; y
- Una función de ***auditoría independiente*** para comprobar el sistema.

Estos mecanismos deben corresponder con la actividad de las sucursales y filiales de propiedad mayoritaria, y deben incluir políticas como procedimientos para el intercambio de la información requerida para los efectos de la debida diligencia del cliente y el manejo del riesgo de lavado de activos y financiamiento del terrorismo.

De manera que el GAFI recomienda que tanto sucursales y filiales provean el cumplimiento a nivel de grupo, la auditoría y/o las funciones ALA/CFT junto con la información sobre el cliente, la cuenta y la transacción cuando sea necesario para propósitos PLD/FT; incluyendo información y análisis de transacciones u operaciones inusuales (si se realizó dicho análisis); que podría incluir un Reporte de Operaciones Sospechosas (ROS), su información subyacente o el hecho de que se haya enviado un ROS.

Tanto Fintech como subsidiarias, deben recibir dicha información cuando sea relevante y apropiada para la gestión de riesgo, establecidas salvaguardas adecuadas sobre la confidencialidad y el uso de la información intercambiada, incluso para evitar la revelación. Como consecuencia, según esta recomendación del GAFI, México pueden determinar el alcance del intercambio de información, en función de la sensibilidad de la información y su relevancia para la gestión del riesgo en materia de PLD/FT.

De manera que el intercambio de información no se limita a la relación entre Fintechs, sino también con otras Entidades Financieras, centros cambiarios, transmisores de dinero y asesores en inversiones, es decir, miembros del propio Sistema Financiero Mexicano, existiendo la posibilidad de intercambiar cualquier tipo de información sobre las Operaciones, actividades y servicios que realicen con sus Clientes, con las otras Entidades Financieras **que formen parte del mismo grupo** que estén facultadas para ello conforme a las disposiciones aplicables en materia de prevención de operaciones con recursos de procedencia ilícita y financiamiento al terrorismo, siempre que celebren entre ellas un convenio en el que estipulen lo siguiente:

I. El **tratamiento confidencial** que se le dará a la información intercambiada.

II. Los cargos de los **funcionarios autorizados** para realizar el mencionado intercambio.

Las ITF, previo a realizar el intercambio de información, deben informar a la CNBV sobre la suscripción del convenio, a través de los medios que establezca, además de conservar toda la información y documentación soporte que acredite tanto el procedimiento realizado para tal fin como la información intercambiada, dicha información deberá estar a disposición de la Secretaría y de la CNBV. La ITF podrá conservar esta información y documentación en los archivos o registros que al efecto lleve para dar **cumplimiento** a las DCG que buscan garantizar la seguridad y veracidad de la información.

Por último, el intercambio de información entre Fintech y Entidades Financieras EXTRANJERAS, que es posible a través de formato oficial emitido por la SHCP y mediante los medios que ésta determine, cabe señalar que solo podrá intercambiarse información con Entidades Financieras Extranjeras que la propia Secretaría de Hacienda establezca; además de que las ITF deberán convenir con éstas entidades el tratamiento de la CONFIDENCIALIDAD de la información que se intercambie, así como los cargos de aquellos autorizados para realizar este acto, debiendo informar previamente a la SHCP a través de la CNBV copia del formato oficial que contenga la información intercambiada.

El intercambio de información es la primera vía de prevención contra una red delictiva como lo es la del lavado de dinero y financiamiento al terrorismo, cabe señalar que en materia de operaciones FINTECH se vuelve mucho más importante, debido a la propia calidad de sus operaciones. Esto quiere decir que las ITF en su mayoría realizan la activación de cuentas vía remota, no hay una atención por parte de un personal de manera física ni presencial, por lo que debe existir mayor escrutinio en la denominada inclusión financiera, ya que por sus características puede representar la vía idónea para llevar a cabo operaciones con recursos de procedencia ilícita.

Como consecuencia, ante una red criminal, se debe anteponer una red de prevención, que contemple la comunicación multidireccional entre: Entidades que pertenecen al Sistema Financiero Mexicano, ITF, Entidades Extranjeras y Autoridades Reguladoras y supervisoras, de manera que ante cualquiera de los mecanismos básicos que dan inicio al Lavado de Dinero y Financiamiento al Terrorismo como lo es incluso la falsificación de documentación de identificación personal, logren ser detectados y multiplicarse, a través de los algoritmos correspondientes, los procesos que en la actualidad realiza el crimen organizado para blanquear capitales de origen delictivo.

4.2. REGULACIÓN SOBRE LA OPERACIÓN CON ACTIVOS VIRTUALES POR PARTE DE LAS INSTITUCIONES DE TECNOLOGÍA FINANCIERA E INSTITUCIONES DE CRÉDITO

Desde su creación, los activos virtuales han estado rodeados de crítica por parte de especialistas, debido a la incertidumbre de los factores que determinan su valor en el mercado; llamados también criptomonedas o criptodivisas, emplean un cifrado digital para sus operaciones y a través de las cuales se pueden efectuar transacciones de calidad económica sin la necesidad de un intermediario, es por ello que no cuentan con un respaldo como lo es el Oro, de manera que su precio se determina por la oferta y demanda.

Misma que de manera extraña se ha centralizado en opiniones e incluso transacciones de personalidades como Elon Musk, quien ha demostrado tener la capacidad de intervenir en el valor de estos activos, tal es el último caso, en donde a través de una voluntad expresa de comprar una de las redes sociales más fuertes del mundo como lo es Twitter, se devaluó el Bitcoin, para que después de una acalorada negociación retirará su propuesta, desatando la acción legal por parte de la empresa Twitter, que demandó a Musk para que cumpliera su oferta, teniendo incluso que pagar una multa por mil millones de dólares debido a la especulación que provocó la cancelación del trato. Sumado a que en 2022 se deshizo del 75% de sus bitcoins con un valor de dos mil millones para finales del 2021, en un momento en el que el valor de la criptomoneda se desplomó con una caída del 50% en 2022.

Otro de los ejemplos claros es el de Dogecoin, creado en 2013 como una broma para crear una criptomoneda, y no fue sino hasta que en 2021 a través de un par de tuits por parte de Elon Musk llevaron a que el precio de esta criptomoneda se disparará colocándola actualmente entre las 12 principales en términos de capitalización en el mercado. Estos ejemplos sin lugar a dudas resultan burdos, pero tienen una gran relevancia en el mercado de activos virtuales, y a pesar de que estos ejemplos se orientan más a demostrar la volatilidad del valor de la criptomoneda y no de la procedencia o rastreo de sus orígenes, es importante que se señale, ya que a partir de esta volatilidad es como se justifica la delimitada legislación en la materia.

Sumado a lo anterior, las operaciones con activos virtuales se encuentran plagados de anonimato en sus operaciones, lo que justifica lo señalado en el 6.1 de las acciones regulatorias por parte del Banco de México:

> *Existen deficiencias en caso de que una institución financiera ofreciera servicios al público en general que involucren activos virtuales, gracias a la reputación de dichas instituciones, se podría generar una percepción de que los riesgos asociados a los activos son menos relevantes de lo que en realidad representan. Asimismo, los activos virtuales aún representan un riesgo considerable en materia de prevención de lavado de dinero y financiamiento al terrorismo debido al anonimato que provee este tipo de activos en la realización de transacciones, la facilidad para transferir los activos virtuales a distintos países, así como la ausencia de controles y medidas homogéneas a nivel global.*[46]

---

[46] Acciones regulatorias por parte del Banco de México. 2020. https://www.banxico.org.mx/sistemas-de-pago/6--acciones-regulatorias-po.html. Recuperado el día 15 de Junio de 2021.

Existen vacíos en la regulación del sector, sin embargo se debe seguir un principio de homologación, de manera que estos puntos de la transformación digital estén claros y generen la democratización para la soberanía, estamos hablando de que hoy por hoy es una realidad la economía digital y es imparable: principio de progresividad y parte de los derechos humanos.

Dentro del tema de criptomoneda se debe reconocer y tratar un abanico de derechos digitales que poco se habla en México, es por ello que el Banco Central no restringe el uso de tecnologías que pudieran representar un beneficio desde un punto de vista de eficiencia o funcionalidad, siempre y cuando sean utilizadas en el contexto de la operación interna de las ITF por supuesto de las Instituciones de Crédito.

De modo que no represente un riesgo significativo en los riesgos operativos o financieros en estas instituciones, todo esto se basa en la denominada Cadena de Bloques o *Blockchain* ésta es una tecnología cuyo origen se remonta a finales de los noventa, cuando Nick Szabo la describió como el sistema descentralizado de pagos basado en el uso de técnicas criptográficas para facilitar la generación de unidades de valor virtual de forma estructurada.[47]

Mientras que una década después, Satoshi Nakamoto, publica un artículo donde aborda el tema del Bitcoin, en donde propone un sistema que asegure las transacciones entre dos agentes, evitando la intervención de un tercero que se encargue de validarlo, esta situación llevó a la primera red conocida como "Blockchain", señalada como aquella que se basa en una tecnología de red o de registro distribuido, o también llamada tecnología DLT (Distributed Ledger Technology) que permite crear redes para compartir libros registros de transacciones electrónicas, similares a los libros de contabilidad; en el cual, los libros se encuentran distribuidos entre los participantes de la red, quienes se encargan de su llevanza.[48]

---

47 Porxas, Núria y Conejero, María. 2018. Tecnología Blockchain: funcionamiento, aplicaciones y retos jurídicos relacionados. México. Actualidad Jurídica Uría Menéndez, p. 24.

48 European Securities and Markets Authority. 2018. The Distributed Ledger Technology Applied to Securities Markets. UE, p. 15.

La cadena de bloques se forma de un conjunto de transacciones que han sido verificadas, consensuadas y agrupadas secuencialmente, relacionados para generar un registro compartido de todas las transacciones, y una vez que han sido registradas, pueden ser consultadas, pero no modificadas; es por esta razón que se le ha brindado de confianza en estas actividades de comercio electrónico.

La información es almacenada en diferentes ubicaciones mediante conexiones peer to peer[49] (P2P) evitando la intermediación, dejando la seguridad a protocolos criptográficos y técnicas que aseguran la permanencia, resiliencia e inmutabilidad de datos, tomando estos parámetros de seguridad, se define al Blockchain como un registro de todas las transacciones validadas agrupadas en bloques, cada una criptográficamente vinculada con las transacciones predecesoras hasta el bloque de génesis.[50]

De manera que para crear una regulación en base a la operación de activos virtuales por parte de las FINTECH e Instituciones de Crédito, es necesario asegurar una infraestructura digital a partir de la Blockchain que brinde seguridad jurídica de las operaciones comerciales que en ella se realicen, más allá de la incertidumbre que representa el mercado de valores digital, y del que actualmente es participe el gobierno del Salvador, que adquirió casi 25 millones de dólares en Bitcoins que en la actualidad valen 9.5 millones; Banco de México, SHCP y CNBV consideran que los activos virtuales no constituyen una moneda de curso legal en México ni tampoco representan divisas bajo el marco legal vigente.

Como consecuencia, las instituciones financiera en México no se encuentran autorizadas para realizar y ofrecer operaciones con activos virtuales, de modo que quienes lo realicen son responsables por las infracciones que ello ocasione y quedarán sujetos a sanciones aplicables; por ello Banxico emitió reglas para el uso de estos activos vir-

49 Red de pares, red entre iguales o red entre pares es una red de ordenadores en la que todos o algunos aspectos funcionan sin clientes ni servidores fijos, sino una serie de nodos que se comportan como iguales entre sí.

50 Hileman, Garrick y Rauchs, Michel. 2017. Global Cryptocurrency Benchmarking Study. EEUU. Cambridge Centre for Alternative Finance, p. 13.

tuales, delimitándolas a operaciones internas en ITF como de crédito y no hacia el público en general, sujeto a previa autorización otorgada por el Banco de México.

4.3. EL USO DEL *SMART CONTRACT* EN LA IMPLEMENTACIÓN DEL PROGRAMA DE CUMPLIMIENTO SEÑALADO EN LA LEY FINTECH

Por medio de la tecnología Blockchain se logra la materialización de contratos con capacidad de hacerse cumplir a sí mismos, los contratos inteligentes surgen después de la creación del Bitcoin, una criptomoneda que requería de todo un ecosistema y plataforma que le diera seguridad a las operaciones comerciales que se manejaran con una moneda virtual, es decir, una moneda inexistente. La confianza de los Smart Contracts surge de las características propias de la cadena de bloques, ya que es ahí donde se almacenan, que cuenta con las siguientes ventajas:

1. Inmutable. Una vez creado el Smart Contract no puede ser modificado de nuevo por lo que nadie puede modificarlo y cambiar las normas o acuerdos dispuestos anteriormente.
2. Descentralizada. Todos deberán validar ese contrato en la red, por lo que una sola persona no puede mandar sobre el resto ni actuar por su cuenta.

Los Contratos Inteligentes son secuencias de código y datos que efectúa la operación para la cual fueron programados, como consecuencia no son contratos en términos jurídicos, ya que la conceptualización jurídica sobre un contrato inteligente sería la de un programa informático que trabaja en base a una serie de instrucciones autoejecutables codificadas, donde el código mantiene aquellas que tengan relación al cumplimiento de las cláusulas y en donde existe acuerdo de voluntades, concurriendo así su relación en el mundo legal, y que es importante señalar, no pueden ser manipuladas.

Sobre de esto, Valencia Ramírez confirma que el contenido de un contrato inteligente se entra a establecer una limitación que recae sobre las distintas interpretaciones que pudieran tener el contenido de lo estipulado, ya que este se configura como un protocolo informático susceptible de hacer realidad lo pactado y nada más que lo pactado, al contrario de lo que puede ocurrir con contratos electrónicos o los tradicionales, en los que surgen disputas sobre su contenido e interpretación de éstos,[51] lo que puede significar una gran problemática, ya que, todo aquello que sea colocado en la cadena de bloques no podrá ser modificado en principio, como consecuencia, debe existir una suficiente diligencia y cuidado a la hora de que se suscriban.

De manera que, así como las criptomonedas están obteniendo gran auge derivado de esta incorporación de la tecnología a la vida comercial, volviéndola más susceptible de una falta de normatividad, es necesario analizar la magnitud de operaciones realizadas mediante contratos inteligentes en México, y cuál es el futuro de este medio de comercio virtual en el país, para entender la importancia de su estudio.

En el caso de los contratos inteligentes, nacen nuevos enfoques legales, ya que se debe regularizar los defectos en la codificación, fincando responsabilidades legales a los programadores de dichos contratos, o la necesidad de garantizar que exista una validez y ejecutividad legal dentro del sistema nacional, así como un cumplimiento de requisitos que son inexcusables como lo son aquellos que corresponden a la materia fiscal. Considerando lo anterior, el derecho empresarial, debe estar atento de todos los aspectos legales relacionados con la incorporación de estas nuevas metodologías, estableciendo infraestructuras que respondan a las necesidades actuales de fiscalización por lo que ha de adecuarse para incorporar los temas que señala el derecho informático y adaptarlo a sus necesidades empresariales.

Como consecuencia, se deben establecer regulaciones que brinden certeza jurídica para los denominados contratos inteligentes, ya que su incorporación en las actividades financieras en México es inevita-

---

51 Valencia Ramírez, Juan Pablo. 2019. Contratos Inteligentes. México. SEICIT, p. 5.

ble, al igual que todo lo que corresponde a la materia electrónica, sobre todo porque no sólo se refieren a los típicos acuerdos comerciales entre partes y a las clásicas figuras como el préstamo financiero o los seguros, sino que también aborda la automatización de operaciones de compra venta de activos virtuales, por lo que corresponde al legislador, sumar este tipo de actos jurídicos a la propia Ley Fintech, para evitar que se produzcan actos ilícitos a través de ellos.

Incluir a los Smartcontract en el diseño de la metodología señalada en las DCG del artículo 58 de la Ley Fintech en materia de manual de cumplimiento normativo coadyuvaría en la invariabilidad de las evidencias, es decir que una vez que se registren los datos sea imposible su falsificación o eliminación, además de representar una red descentralizada de verificación, permitiendo que la información se encuentre disponible en todo momento a pesar de que pudiera sufrir cualquier tipo de colapsos el sistema, y finalmente representa un medio de seguridad en materia de ciberataques, pues la información que fue cargada mediante esta tecnología proporciona una seguridad adicional frente a otras redes.

Como consecuencia, al utilizarse este tipo de tecnologías, podrían vencerse los riesgos corporativos de corrupción, fraude y lavado de dinero, generando uno de los objetivos más celosamente cuidados de los agentes Compliance, como lo son tanto la seguridad en las operaciones y transparencia empresarial, como el incremento de confiabilidad bursátil, gestando un gran aumento en el valor de la empresa como elevación de su Reputación.

Situación que acerca a las empresas Fintech a la cultura de cumplimiento y ética corporativa de forma automática a través del uso de nuevas tecnologías digitales, que nos permita prevenir y anticipar riesgos que afecten a la estructura del capital y reputación corporativa. En conclusión, el panorama tecnológico referido a seguridad de operaciones digitales avanza de manera acelerada, por lo que se debe estar atento a cada paso y actualizarse una manera idónea, segura y ética, atento a las necesidades de las organizaciones.

4.4. DISEÑO DE ESTRATEGIAS DE PREVENCIÓN DE LAVADO DE DINERO A PARTIR DE LA LEY FINTECH DESDE EL PUNTO DE VISTA DEL OFICIAL DE CUMPLIMIENTO

El oficial de cumplimiento es responsable de elaborar y someter a consideración del Comité el Manual de Cumplimiento, que contenga las políticas de identificación y conocimiento del Cliente, así como criterios, medidas y procedimientos que deberán adoptar para dar cumplimiento a lo previsto en las DCG del artículo 58 de la Ley Fintech, además de diseñar la metodología para llevar a cabo una evaluación de riesgos a los que se encuentre expuesta la Fintech derivado de productos, servicios, clientes, países o áreas geográficas, canales de envío o distribución transacciones así como infraestructura tecnológica con los que operen.

Es decir que el Oficial de Cumplimiento deberá definir la estrategia a través de la cual se establece y describe todos los procesos que se llevan a cabo para la identificación, medición y mitigación de riesgos, para lo cual deben tomar en cuenta factores de riesgo que para tal efecto se hayan identificado, así como información que resulte aplicable dado el contexto de la ITF que precede.

De manera que entre las principales estrategias es dotar al Oficial de Cumplimiento de las facultades necesarias para realizar investigaciones internas en materia de prevención de lavado de dinero y financiamiento al terrorismo, tener un nivel jerárquico dentro de las tres jerarquías inmediatas inferiores a la del director general de la ITF de que se trate, especialmente ser independiente de las unidades de las ITF encargadas de la promoción y gestión de productos o servicios financieros se ofrezcan a sus clientes, de modo que debe evitarse que el Oficial de Cumplimiento tenga funciones de autoría interna en la ITF.

Pereyra señala que el oficial de cumplimiento no solo se encarga del reporte de operaciones y actividades sospechosas en materia financiera, sino que es responsable de la política global de la empresa de que se trate en toda la materia de cumplimiento, esto significa que es el encargado de que la empresa cumpla con las normas en materia de prevención que son todo el haz obligacional establecido por instrumentos internacionales, leyes, reglamentos, circulares, su obligación va más allá de lo ordinario, de lo estándar.[52] Por otro lado, no siempre se trata de una sola persona, pues según el tamaño de la Fintech, el órgano de cumplimiento podrá estar constituido por una o por varias personas, con la suficiente información y autoridad.

El *Compliance Officer* va a jugar un rol importante para el cumplimiento de los puntos señalados en este el artículo 421 del CNPP, esto se debe a que más allá de su función específica varíe según el tipo de Fintech, este ente de vigilancia, fiscalización y supervisión está sujeto a intervenir en al menos tres etapas:

1. El diseño. En esta fase el oficial se encarga de desarrollar programas que se adecúen a estándares requeridos por la normatividad y regulaciones que emanen de la Ley, y a los cuáles se vea sujeta la persona jurídica según su giro, tamaño, o industria, además de que deben estar diseñados según los valores corporativos.
2. La implementación y el cumplimiento por parte de las diferentes áreas de la empresa y de los empleados. Se trata de ir ejecutando de manera efectiva el programa diseñado, asegurando su difusión, capacitación y cumplimiento del mismo, ocupándose de lograr el control interno a través de asegurarse de que se atiendan las normas diseñadas e implementadas, identificando fallas o vacíos propios del programa, para evitarlos o corregirlos, de manera que es un proceso de constante mejora continua.

Como consecuencia, y anticipando las funciones del Oficial de cumplimiento, éste estará encargado de la prevención del delito, aplicando una debida evaluación de riesgos, asesoramiento, vigilancia y prevención del acto criminal; en el caso de las Fintech serán las que se señalan en las DCG del artículo 58 de la Ley FINTECH que establece los mecanismos que deben dar respuesta a prevenir el riesgo en las operaciones comerciales que representa la empresa frente a sus diferentes clientes, con quienes no se tiene un contacto físico, por ello

52 Pereyra, Nicolás. 2012. op. cit, p. 48.

es tan importante una metodología bien estructurada a partir del conocimiento de la empresa.

Para ello, el Oficial de Cumplimiento debe tener la capacidad para trabajar bajo presión, desarrollar habilidades *multitask*, tener una mentalidad análisis, y una facilidad de comunicación ya que tendrá una estrecha relación con los actores internos y externos de la organización, además de saber trabajar y manejar equipos de trabajo, demostrando así su capacidad de liderazgo, de diagnóstico, de toma de decisiones por supuesto, de implementación y seguimiento de proyectos.

Por ello, debe contar con información actualizada, precisa, detallada y oportuna, herramientas de detección y la colaboración en tiempo y forma de las diferentes áreas comerciales y operativas, sobre todo en las que se encuentran relacionadas con el manejo tanto de relaciones públicas como las financieras, ya que son la manera más común que se observa en los actos de corrupción, favoritismo en contrataciones, como consecuencia, el plan de estudios ideal para la formación del oficial de cumplimiento o de cualquier persona que quiera dedicarse profesionalmente al cumplimiento normativo sería una mezcla de criminología con conocimientos de auditoría y administración empresarial.

El oficial de cumplimiento tiene la responsabilidad de vigilar que el plan o programa diseñado por él mismo, sea gestionado con eficiencia, considerándose como un ente independiente debido a que debe fiscalizar al consejo de administración, a la alta dirección y al resto de empleados, que sus funciones diarias se sigan conforme al cumplimiento de las leyes, políticas y procedimientos; para que esto pueda ser conseguido, existen criterios para seleccionar al oficial de cumplimiento, sobre los cuáles García Gibson[53] señala que son:

---

53 García Gibson, Ramón. op. cit, p. 216.

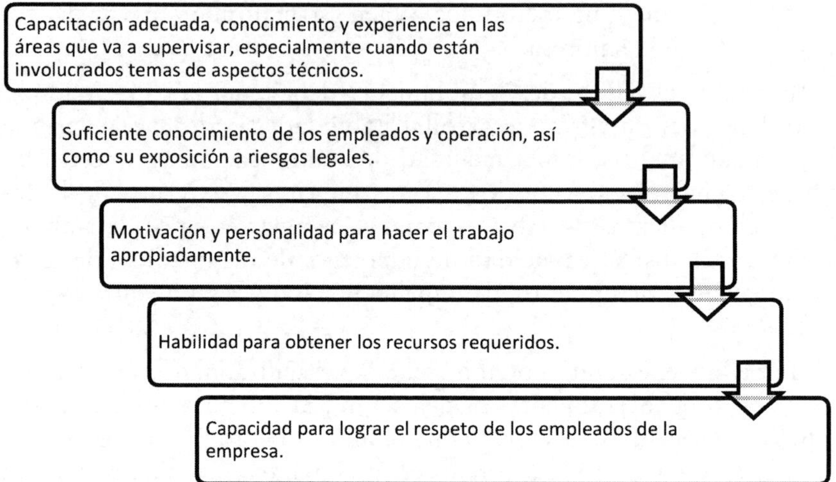

Cabe señalar que, no se deja en manos del oficial de cumplimiento toda la labor de control interno y atención a la normatividad en materia de PLD/FT, sino que corresponde al órgano de administración establecer la política de control y gestión de riesgos de la sociedad, de modo que a pesar de que se pretende que la figura del oficial sea lo más autónoma posible, sigue siendo designado por el órgano de administración, al que debe vigilar, de modo que difícilmente gozará de plena autonomía en su función.

Como consecuencia, el oficial de cumplimiento debe contar con los siguientes conocimientos:

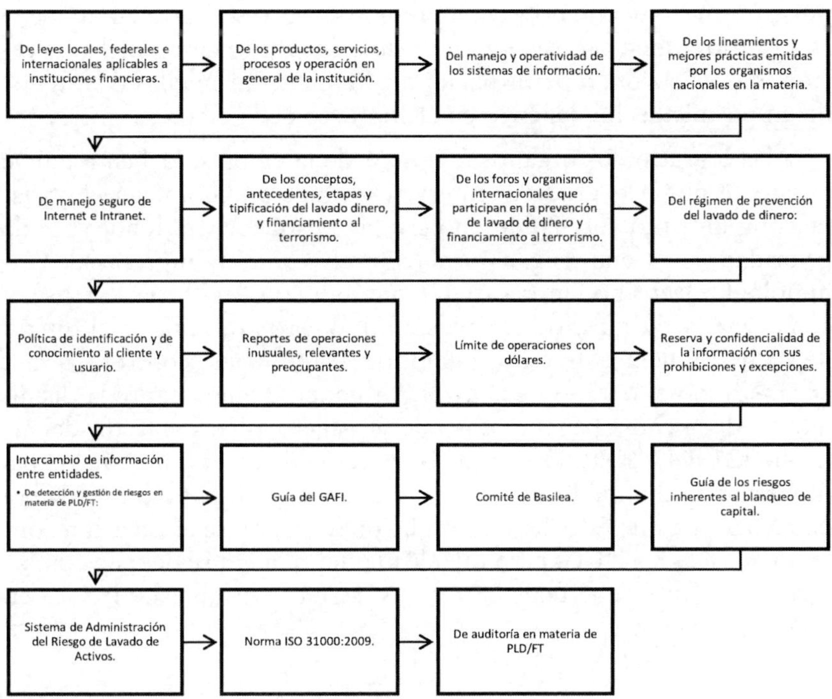

Por la importancia estratégica de su posición en la empresa, el Oficial de Cumplimiento debe ser una persona que:

- Interactúe con distintos departamentos,
- Conozca sus procesos,
- Interactúe con las autoridades,
- Participe en la toma de decisiones de negocio de la compañía donde se puedan detectar algún tipo de riesgos que pueda mitigar.

El perfil del Oficial del Cumplimiento, además de contar con la certificación prevista en el artículo 4, fracción X de la Ley de la Comisión Nacional Bancaria y de Valores, se sugiere que se cumpla con un perfil de conocimiento policiaco, de criminalística o de criminología, para dominar el acceso extracción y manejo de custodia privada para cuando se cometa un delito en contexto empresarial, y esta investigue por su propia cuenta, no vaya a presentarse un escenario en donde el Ministerio Público considere un posible encubrimiento por la alteración, modificación, o perturbación ilícitamente las huellas o vestigios de un posible hecho delictivo en el contexto de la empresa.

Para lograrlo, los órganos máximos de la empresa deben reunirse para determinar el grado de intervención que pudiera tener el oficial de cumplimiento, diseñando un perfil de búsqueda, en donde se le dé prioridad a los que tengan formación en Gestión empresarial, Criminología, Derecho empresarial, Contabilidad, Auditoría Forense, y comenzar la búsqueda de la persona idónea para realizar el diseño de las herramientas necesarias para lograr un debido control interno, encabezando el órgano de control permanente que asegure la disminución de la carga penal en caso de ser sujeto a los supuestos del artículo 421 del CNPP, por lo que la selección de quien tomará el papel de Oficial de Cumplimiento es vital y pieza angular para la efectividad del programa que éste diseñe, condiciones que no se encuentran contempladas en las DCG, pero que de alguna manera se definen con las actividades que debe realizar y que sí se encuentran establecidas en estas disposiciones.

Capítulo V
MECANISMOS DE PREVENCIÓN DE ACTIVIDADES VULNERABLES QUE DEBEN ATENDER LAS FINTECH EN FAVOR DEL CUMPLIMIENTO NORMATIVO

5.1. ESTRUCTURA JURÍDICA DE LA LEY PARA REGULAR LAS INSTITUCIONES DE TECNOLOGÍA FINANCIERA

No cabe duda que la tecnología llega para revolucionar los procesos y mecanismos en toda industria, en la financiera la tecnología se ha incorporado para detonar lo que se ha denominado como "inclusión financiera", misma que según la CEPAL tiene tres dimensiones:

- Acceso. La posibilidad de usar servicios y productos de instituciones del sistema financiero formal o la facilidad con la cual los individuos pueden acceder a los servicios y productos financieros disponibles en las instituciones formales;
- Uso. Se refiere a la utilización efectiva de los productos financieros, en cuanto a regularidad y frecuencia, así como al objetivo con el que se usa el sistema financiero
- Calidad. Se especifica en términos de las características del acceso y el uso.[54]

Los servicios que ofrece el Sistema Financiero Mexicano presentaron, (y aún presentan) bastantes obstáculos con respecto a quien es acreedor a alguno de sus productos, situación que evidentemente presionó al mismo mercado a crear mecanismos que facilitaran la incorporación de todos aquellos que no cuentan con la capacidad financiera que los volvieran sujetos de crédito; como consecuencia, la bandera principal de las instituciones de tecnología financiera frente

---

54 Cipoletta Tomassian, Georgina; Matos, Adriana, 2018, Hechos estilizados sobre la inclusión financiera en América Latina, México, Editorial CEPAL, p. 39

a los productos financieros de la banca comercial fue una mayor facilidad de acceso.

La transformación digital de los servicios financieros se ha dado alrededor del mundo gracias a la variabilidad de cuatro elementos: una mayor demanda de los clientes, menores barreras de entrada, mejores accesos a capitales y los avances acelerados en la tecnología[55] La facilidad que representa abrir una cuenta con proveedores de Fintech en lugar de acudir al banco comercial, buscando una gama más amplia de servicios y una mejor experiencia como clientes, situación que justifica que para 2021 se identificaran 512 startups Fintech mexicanas fundadas y operando en el país.[56]

La aplicación de Inteligencia Artificial, Blockchain, Business Intelligence entre otros mecanismos de tecnología y gestión de información en la oferta de servicios financieros responden al riesgo que representan, pues ante una mayor facilidad de acceso mayor será también la facilidad de utilizarlos para fines ilícitos.

La Evaluación Nacional de Riesgos fue originada para dar cumplimiento a recomendaciones emitidas por el Grupo de Acción Financiera Internacional contra el lavado de dinero (GAFI), en su versión 2019-2020 se detectaron riesgos de Lavado de Dinero y Financiamiento al Terrorismo a partir de los servicios que ofrecen las Instituciones de Tecnología Financiera, esto se debe al déficit en materia de supervisión, puesto que no se cuenta con información cuantitativa sobre operaciones, productos, canales y zonas en las que operarán, en un ámbito con grandes posibilidades de desarrollo tecnológico que puede tener amplios beneficios para la sociedad, y al mismo tiempo potentes herramientas para realizar delitos.[57]

---

55 Capgemini. (15 de Enero de 2018). *Efma*. Recuperado el 22 de Abril de 2022, de World Fintech Report: https://www.capgemini.com/wp-content/uploads/2018/02/world-fintech-report-wftr-2018.pdf

56 Finnovista, Radar Fintech, Incumbentes 2021, con fecha 06 de Diciembre de 2021, visto en https://bit.ly/34cC3Aw., consultado el 22 de Abril de 2022

57 Gobierno de México, SHCP, Evaluación Nacional de Riesgos de Lavado de Dinero y Financiamiento al Terrorismo en México 2019- 2020, con fehca 01 de Enero de 2020 visto en https://www.uif.gob.mx/work/models/uif/comunicados/imp/ENR2019-2020.pdf, consultado el 22 de Abril del 2022

Como consecuencia, y para dar respuesta a las recomendaciones del Grupo de Acción Financiera Internacional contra el Blanqueo de Capitales es como se origina la Ley para Regular las Instituciones de Tecnología Financiera, cuyo objeto es regular los servicios que prestan las instituciones de tecnología financiera, así como su organización, operación y funcionamiento y los servicios financieros sujetos a alguna normatividad especial que sean ofrecidos o realizados por medios innovadores, cuya estructura jurídica es la siguiente:

Estructura de la Ley Fintech

Título		Capítulo		Artículos
I	Disposiciones Preliminares			1 al 10
II	ITF y sus Operaciones	I	Instituciones de Financiamiento Colectivo (Crowdfounding)	15 al 21
		II	Instituciones de Fondos de Pago Electrónico	22 al 29
		III	Operaciones con Activos Virtuales	30 al 34
III	Disposiciones Generales	I	De la Autorización	35 al 43
		II	De la Operación de las ITF	44 al 67
		III	De la suspensión y la Revocación de la Autorización para operar como ITF	68 al 69
		IV	Inspección, Vigilancia e Intercambio de Información	70 al 77
		V	Asociaciones Gremiales	78 al 79
IV	Autorizaciones temporales y Operación con Activos Virtuales	I	Autorización de Modelos Novedosos	80 al 85
		II	Modelos Novedosos en Entidades Reguladas	86 al 87
		III	Operación de Entidades Financieras con Activos Virtuales	88
		IV	Obligaciones y Revocación de Autorizaciones Temporales	89 al 92
V	Grupo de Innovación Financiera			93 al 95

Título		Capítulo		Artículos
VI	Sanciones y Delitos	I	Sanciones Administrativas	96 al 117
		II	De los Delitos Sección Primera Requisito y procedibilidad y prescripción	118
			Sección segunda Delitos para la protección del Patrimonio de los Clientes de las ITF y de las Sociedades autorizadas para operar con Modelos Novedosos	119 al 122
			Sección Tercera Delitos contra la adecuada operación de las ITF o de empresas autorizadas para operar con Modelos Novedosos	123 al 129
			Sección Cuarta Delitos para la protección del patrimonio de las ITF y las Sociedades Autorizadas para operar con Modelos Novedosos	130 al 133
VII	De las Notificaciones			134 al 145
Disposiciones Transitorias				

Son siete títulos los que integran la Ley de Instituciones de Tecnología Financiera, y a grandes rasgos se denota una estructura orientada a definir lo que debe entenderse por las operaciones que implican sus servicios, de modo que aquellos denominados como financiamiento colectivo, pagos electrónicos y activos virtuales están contemplados en los primeros títulos para posteriormente analizar las disposiciones generales, en el artículo 39 se establece como uno de los requisitos que deberán acompañar a la solicitud de autorización por parte de la CNBV, las políticas de prevención de fraudes y prevención de Operaciones con recursos de procedencia ilícita y financiamiento al terrorismo (PLD/FT).

Para ello, del artículo 70 al 77 se establecen todo el mecanismo precautorio dcualquier actividad ilícita que pudiera ejercerse a través de la estructura operativa y administrativa de la Fintech, esto a través de la normativa en materia de inspección, vigilancia e intercambio de información, que en general aborda la obligación de mantener y proporcionar a los órganos reguladores como la CNBV y el Banco de México, la información que se les requiere sobre operaciones, clientes, datos sobre su situación financiera y en general toda aquella que les sea útil para el cumplimiento de sus funciones en forma y términos que éstas determinen, señalando desde el artículo 70 que el cumplimiento de estas obligaciones no implican una trasgresión de la obligación de confidencialidad legal, ni viola las restricciones sobre revelación de información establecidas en la vía contractual.

Estos señalamientos, así como los propios de las Disposiciones de Carácter General (DCG) emitidas por la Secretaría de Hacienda y Crédito Público (SHCP), previa opinión de la propia CNBV, deben ser cumplidos de manera puntual, ya que de lo contrario se cae en los supuestos de las sanciones señaladas en el Título VI de la propia Ley Fintech, especialmente en los señalados en el artículo 103 de la citada legislación.

En las DCG se anexan mayores mecanismos en materia de normatividad para el control, supervisión y prevención, no solo de Operaciones con Recursos de Procedencia Ilícita, sino de actos delictivos en general, esto se puede vislumbrar desde el capítulo tercero, fracción V que señala como requisito anexo a la solicitud de autorización para operar como una ITF los proyectos de manuales de operación, control interno y de administración de riesgos, así como bases de organización y control interno de las ITF, incluyendo la estructura de sus órganos de administración y vigilancia.

Incluso, estas DGC son de las pocas legislaciones que incorporan en su haber al denominado Oficial de Cumplimiento, específicamente en la fracción IV del propio artículo tercero, señalando que entre los documentos anexos necesarios está la copia de la certificación vigente expedida por la CNBV del Oficial de Cumplimiento designado por la ITF, de manera que en él recaigan la responsabilidad penal y civil correspondiente, en materia de prevención del acto delictivo ante el incumplimiento de las normas señaladas en esta legislación. En cuanto a la propia Ley Fintech, es el artículo 58 que aborda la PLD/FT y que por su importancia se irá desmembrando de manera progresiva en el presente artículo de investigación, de modo que se profundice mejor en su naturaleza y alcance jurídico.

5.2. SERVICIOS OPERATIVOS QUE GESTIONAN LAS INSTITUCIONES DE TECNOLOGÍA FINANCIERA

La legislación aborda, en términos generales tres modalidades operativas que considera como Tecnologías Financieras, sin embargo, también incluye uno de los conceptos que a pesar de parecer un tanto ambiguo, busca cubrir todas aquellas actualizaciones o modalidades más recientes de financiamiento a través de la infraestructura tecnológica, esta ha sido denominada como "modelos novedosos", éstos por su importancia y por los alcances que tienen cada uno de ellos en la formulación de Operaciones con Recursos de Procedencia Ilícita deben ser analizados.

El primero de ellos es el denominado "financiamiento colectivo", sobre el cuál la ley describe en su artículo 15 que se tratan de actividades destinadas a poner en contacto a personas del público en general, con el fin de que entre ellas se otorguen financiamientos mediante alguna de las operaciones siguientes:

- Financiamiento colectivo de deuda (préstamo, créditos, cualquier financiamiento causante de un pasivo).
- Financiamiento colectivo de capital (Compra o adquisición de títulos representativos de capital).
- Financiamiento colectivo de copropiedad o regalías (asociaciones en donde el inversionista adquiera una participación en utilidades, regalías o resultados que se obtengan derivado de la realización del proyecto del solicitante).

Evidentemente estas operaciones son realizadas a través de aplicaciones informáticas, interfaces, páginas de internet o cualquier medio de comunicación electrónica o digital, y sólo podrán ser llevadas a cabo por personas morales autorizadas por la CNBV.

Como consecuencia, éstas son prácticamente inversiones realizadas a través de mecanismos electrónicos, incluso esto se refuerza con lo señalado en el artículo 20 que prohíbe a las Fintech colectivas asegurar que habrá algún retorno o rendimiento, o garantizar el resultado o éxito de la inversión, esto se suscribe como medida preventiva de un señalamiento de fraude por parte del denominado inversionista, de modo que el solicitante no tiene ninguna responsabilidad frente a posibles pérdidas como consecuencia del fracaso del proyecto objeto de la Fintech colectiva.

Es por ello que el artículo 18 de la Ley Fintech señala que es obligación de la Fintech colectiva:

- Establecer y dar a conocer a los posibles inversionistas de forma clara e indubitable, los criterios de selección de los solicitantes y proyectos objeto de financiamiento, información y documentación que se analiza para tales efectos y actividades realizadas, y para verificar la veracidad de la ifnormaicón.
- Analizar e informar a inversionistas sobre el riesgo de los solicitante y los proyectos.
- Obtener una constancia de que el inversionista conoce los riesgos a que está sujeta su inversión...

Y en general, obligaciones que desvirtúen cualquier señalamiento de fraude de cualquiera de las partes, antecediendo la certidumbre en cada uno de ellos de la naturaleza que implica una inversión, esa es la obligación de la ITF colectiva, jugar un papel de mediador entre inversionistas y solicitantes con el objetivo de que queden claras las posiciones y normas contractuales del proyecto en el que se dispondrá el financiamiento.

Las siguientes son las Instituciones de Fondos de Pago Electrónico, consideras por la Ley Fintech como servicios realizados eon el público de manera habitual y profesional, consistentes en la emisión, administración, rendición y transmisión de fondos de pago electrónico, por medio de:

- Abrir y llevar una o más cuentas de fondos de pago electrónico por cada cliente.
- Realizar transferencias de fondos de pago electrónico entre sus clientes.
- Realizar transferencias de determinadas cantidades de dinero en moneda nacional o, sujeto a la previa autorización del Banco de México, en moneda extranjera e incluso en activos virtuales.

- Entregar una cantidad de dinero o activos virtuales equivalente a la misma cantidad de pago electrónico en una cuenta de fondos de pago electrónico, mediante cargo en dicha cuenta.
- Mantener actualizado el registro de cuentas.

Ahora bien, los fondos de pago electrónico son aquellos contabilizados en un registro electrónico de cuentas transaccionales que, en términos generales siguen siendo los bancos de consumo, pues para que exista una fondo contabilizado en registro electrónico debe existir un ingreso en efectivo que represente el valor mismo del fondo electrónico que va a ser objeto de la transacción, por lo que los mecanismos de PLD/ FT van a ser acompañados de los señalados para este tipo de instituciones financieras, cuyos mecanismos de prevención se encuentran mucho más estructurados, sobre todo en materia de prevención, y esto se ratifica en el artículo 24 que señala lo que no debe ser considerado como un fondo de pago electrónico, en donde sobresalen aquellos derivados de programas de lealtad o recompensa ofrecidos por la persona moral a sus clientes, es decir, estos no tienen un origen en efectivo.

Finalmente están las operaciones con Activos Virtuales, que el artículo 30 de la Ley Fintech considera como la representación de valor registrada electrónicamente y utilizada entre el público como medio de pago para todo tipo de actos jurídicos y cuya transferencia únicamente pueda llevarse a cabo a través de medios electrónicos. Las ITF solo podrán llevar a cabo operaciones con activos que este autorizados por el Banco de México, mismo que tomará en cuenta el uso que el público dé en unidades digitales como medio de cambio y almacenamiento de valor.

Este es uno de las operaciones Fintech que más observación requiere, esto se debe a los riesgos que existen en la celebración de sus operaciones, por ello las Fintech deben señalar que el activo virtual no es una moneda de curso legal y no está respaldado por el Gobierno Federal ni por el Banco de México, que existe la imposibilidad de revertir operaciones una vez ejecutadas, la volatilidad de valor que las caracteriza y finalmente los riesgos tecnológicos, cibernéticos y de fraude inherentes e irreversibles en transacciones con activos virtuales.

Como se señaló desde el inicio de este apartado, existe un elemento que también debe ser considerado dentro de las operaciones propias de las modelos de financiamiento a través de tecnología y que anticipa de manera adecuada la legislación, estas son los denominados "Modelos Novedosos", y como su nombre lo indica, son aquellas personas morales constituidas de conformidad con la legislación mercantil mexicana, distinta a las ITF, Entidades Financiera y a otros sujetos supervisados por Comisión Supervisora o por Banco de México y que requiere de la autorización por parte de la Ley Fintech o cualquier otra Ley Financiera. El artículo 82 señala que para poder otorgarse la autorización temporal en materia de modelo novedoso tiene que cumplir con los siguientes criterios y condiciones:

- Ser una propuesta de Modelo Novedoso.
- El producto a ofrecerse o el servicio a prestarse al público debe requerir probarse en un medio controlado.
- La forma que se pretenda desarrollar debe representar un beneficio al cliente
- El proyecto se debe encontrar en una etapa de inicio de operaciones inmediata.
- Debe ser probado en un número limitado de clientes.

Además de que le serán aplicables los señalamientos de los títulos I (Disposiciones preliminares), Título VII (de las notificaciones) Capítulo IV del Título III (Inspección, Vigilancia e intercambio de información, así como lo señalado en el tercer párrafo del artículo 48 que señala un plazo mínimo de diez año para conservar comprobantes originales de sus operaciones, debidamente archivados y en formato impreso, medios electrónicos, ópticos o de cualquier tecnología, de manera que se puedan relacionar las operaciones y el registro que de ellas se haga; y finalmente lo señalado en el artículo 58 de la propia Ley Fintech, misma que señala la obligación de crear mecanismos de Prevención de Lavado de Dinero y Financiamiento al Terrorismo.

Ahora bien, una vez que se ha señalado la operatividad de cada una de estas formas de financiamiento a través de medios electrónicos, aplicaciones informáticas, interfaces, páginas de internet o cualquier medio de comunicación electrónica o digital; es necesario vincularlo con el delito de blanqueo de capitales, para ello se formula la siguiente tabla:

Tipo de ITF	Relación con el Lavado de Dinero
Financiamiento Colectivo (Crowdfounding)	El mayor riesgo se encuentra en el fondeo de inmuebles y bienes raíces, ya que en esta industria se manejan proveedores de material para construcción en donde se pueden manipular costos, permitiendo no solo elevar presupuestos, sino manipular las entradas y salidas del financiamiento. Se habla también de la posibilidad de un autofondeo, en donde a través de un prestanombres se generen proyectos fantasma y permita al "inversionista" lavar dinero en éstos, y al no contar con una regulación que vigile físicamente el proyecto, pueden ser sujetos de Lavado de Dinero.
Instituciones de Fondos de Pago Electrónico	Para que una institución de fondos de pago electrónico pueda recibir o entregar recursos en efectivo en moneda nacional, deberá solicitar autorización a la CNBV indicando los medios y mecanismos a través de los cuáles se realizarán. Lo anterior, además de observar los niveles de cuenta establecidos por el Banco de México. Dicha autorización estará restringida en los siguientes términos: • Recepción de recursos en efectivo, hasta 10,000 UDI's (aproximadamente $61,000.00 pesos) mensuales por cliente. • Entrega de recursos en efectivo, hasta 1,500 UDI's (aproximadamente $9,150.00 pesos) diarias por cliente
Activos Virtuales	Los activos virtuales están prácticamente prohibidos en el sistema financiero mexicano; ya que ninguna institución financiera de México, puede realizar operaciones con los activos virtuales que se conocen más popularmente como criptomonedas; (Bitcoin, Ether, XRP o cualquier otro), ya que además del riesgo en materia de Lavado de Dinero, presentan una volatilidad alta que no puede ser respaldada por el Banco de México.

5.3. RIESGOS EQUIPARABLES DE LA LEY FINTECH EN MATERIA DE OPERACIONES CON RECURSOS DE PROCEDENCIA ILÍCITA

Esta incorporación de las ITF en México han generado retos contra las operaciones con recursos de procedencia ilícita, el avance de la tecnología abre nuevos mecanismos, actores y fenómenos en materia de blanqueo de capitales, lo que conduce a la necesidad de contar con herramientas indispensables para la identificación y prevención de este tipo de operaciones, aplicable para la instrumentación de programas de cumplimiento en las organizaciones.

Las consecuencias del lavado de activos, debido a su crecimiento en forma geométrica, es gravísima debido a que impacta en el sistema socioeconómico y en la comunidad, afectando de manera importante a las realidades estratégicas y además, amenazan la paz y seguridad de las naciones, pues al no haber regulaciones que luchan en contra del enriquecimiento que se genera a través de actos delincuenciales como el narcotráfico, la corrupción, trata de blancas, fraudes; evidentemente se incrementará el número de organizaciones que busquen generar riqueza a través del atropellamiento de los derechos humanos de las personas a las que violentan a través de éstos actos, de manera que cada vez se harán organizaciones mejor estructuradas cuyas formas de transformar y borrar el origen ilícito de dichos recursos son más fácil a través de las instituciones de tecnología financiera, que evidentemente cuentan con mejores y mayores formas de ocultar la identidad de quien las maneja.

Sin duda, el incremento del lavado de dinero y financiación al terrorismo genera:

- Aumento del delito y la corrupción.
- Debilitamiento del sector privado legítimo
- Debilitamiento de instituciones financieros
- Pérdida de control o errores en decisiones relacionadas con política económica
- Distorsión e inestabilidad económica
- Pérdida de ingresos por impuestos
- Riesgo para la reputación de un país, como son las listas negras, perdiendo inversión extranjera.

Los impactos negativos del lavado de dinero tienen un efecto en la sociedad a través de la inestabilidad que generan por la falta de su combate y regulación de los medios a través de los cuáles se está llevando a cabo el ocultamiento del origen de los recursos, como es el de los medios electrónicos a través de las instituciones de tecnología financiera.

Según la plataforma de Finnovista Fintech Radar,[58] entre el 2016 al 2020 el emprendimiento en esta industria en México ha mostrado un crecimiento promedio del 23% el cual representa nuevos servicios financieros, en 2020 se identificaron 441 Startups Fintech, que fue un 14% más que en 2019, año en que se reconocieron 394, este estudio también señala que el 60% de estas empresas recibieron financiamiento a través de capital de riesgo.[59]

El ex secretario de la Unidad de Inteligencia Financiera, el Dr. Santiago Nieto, dió seguimiento a empresas Fintech para evitar el Lavado de Dinero,[60] y con el fin de que estas instituciones pudieran cumplir con sus obligaciones en materia de prevención de operaciones con recursos de procedencia ilícita, la Unidad de Inteligencia Financiera, anunció en Abril del 2021 adecuaciones a formatos oficiales de información que tiene que recibir por parte de este tipo de empresas.

Gutiérrez señala que durante el seminario denominado "Inteligencia Financiera y Gestión de Riesgos", Nieto Castillo acotó que el combate al lavado de dinero en instituciones de tecnología financiera está siendo una prioridad para la instancia que éste encabeza, principalmente en el rubro de las criptomonedas; el titular de la Unidad de Inteligencia Financiera adicionó que aún hay una serie de 12 plataformas que no se encuentran registradas, y que se encuentran operando en la ilegalidad, además de que aquellas que han logrado ser consideradas como Instituciones de Tecnología Financiera están obligadas a integrar expedientes de identificación de sus clientes, y a partir de Abril del 2020 empezar a reportar avisos sobre operaciones que registran y que reflejen un monto igual o superior a las 645 UMAS que equivalen a 57, 804 pesos.[61]

---

58 Finnovista. (2020) El número de startups Fintech en México creció más de un 14% en un año, hasta las 441. https://www.finnovista.com/wpcontent/uploads/2020/05/FR-Mexico-2020.pdf. Recuperado el día 15 de Octubre de 2021.

59 El capital riesgo consiste en financiar empresas incipientes en fase de crecimiento con elevado potencial y riesgo

60 Conferencia Gobierno de México del 04 de Marzo de 2020.

61 Gutiérrez, Fernando (2021). UIF detecta a 12 plataformas ilegales de compraventa de activos virtuales. Visto en El Economista Online. Del día 28 de Julio de 2021. https://www.eleconomista.com.mx/sectorfinanciero/UIF-detecta-a-12-pla-

El lavado de dinero es un problema que persiste y se mantiene a la alza en el sistema financiero en México, ya que ocupa el lugar 68 de 141 de naciones con más casos de lavado según el reporte Basel AML,[62] para ello la Ley Fintech equipara una serie de normas y lineamientos para delimitar en el mayor grado posible los vacíos legales que pudieran representar una posibilidad para el crimen organizado de lavar su capital y poder incorporarlo al mercado financiero, de modo que es indispensable que se diseñen estrategias en materia de prevención de este delito, a partir de lo que la Ley Fintech equipara.

La Ley Fintech entró en vigor el 9 de Marzo de 2018, y para dar cumplimiento al PLD/FT que señala el artículo 58 de esta Ley se emitieron las DCG en Septiembre del 2018, mismas que fueron modificadas el 25 de Marzo del 2019, y que a pesar de que son similares a las de otras entidades financieras, consisten en los siguientes cambios que deben cumplirse por parte de las ITF:

- Incorpora conceptos de activos virtuales, personas políticamente expuestas, listas de personas bloqueadas, grado de riesgos, mitigantes, oficial de cumplimiento y propietarios reales.
- Oficial de cumplimiento certificado por la CNBV.
- Aviso de adquisiciones por encima de 10%, así como el control de la sociedad.
- Límites 1,500 UDI's hasta las 10,000 UDI's para el uso de efectivo.
- Autorización de la CNBV para enviar o recibir transferencias, más el uso de una institución financiera autorizada.
- Políticas de identificación del cliente.
- Conservar la documentación por un periodo no menor a 10 años.

---

taformas-ilegales-de-compraventa-de-activos-virtuales-20210728-0018.html. Consultado el 15 de Octubre de 2021.

62 Basel Institute on Governance.2020. Basel AML Index: 9th Public Edition Ranking money laundering and terrorist financing risks around the world. https://baselgovernance.org/sites/default/files/2020-07/basel_aml_index_2020_web.pdf. Consultado el 15 de Octubre de 2021.

- Contar con perfil transaccional por cliente y conocimiento o debida diligencia.
- Alertas en caso de cambios en el perfil transaccional del cliente.
- Agrupaciones de operaciones por medio del sistema automatizado para los límites y perfiles de los clientes.
- Listas de personas bloqueadas.
- Manual de Cumplimiento por medio del Comité de Comunicación y Control.
- Llevar a cabo programas de capacitación en materia de PLD.
- Confidencialidad de los clientes salvo en los casos que las leyes lo permitan.
- Reportes de operaciones relevantes, inusuales o preocupantes ante la CNBV.
- Manuales de modelos novedosos en materia de PLD.
- Establecer una revisión anual por el auditor certificado en materia de PLD/FT, ante la CNBV.

5.4. EL CUMPLIMIENTO NORMATIVO EN LAS INSTITUCIONES DE TECNOLOGÍA FINANCIERA

El artículo 58 de la Ley Fintech señala que las ITF estarán obligadas a establecer medidas y procedimientos para prevenir y detectar actos, omisiones u operaciones que pudiesen ubicarse en los supuestos de los artículo 139 Quáter (Financiamiento al Terrorismo) y 400 Bis (Operaciones con recursos de procedencia ilícita), estas medidas y procedimientos deben estar contenidos y desarrollados en un documento presentado a la CNBV, (MANUAL DE CUMPLIMIENTO NORMATIVO EN PLD/FT); este manual estará sujeto a lo señalado en las Disposiciones de carácter general a que se refiere el artículo 58 de la Ley para regular las Instituciones de Tecnología Financiera; que en su artículo 82 establece que:

> ***Artículo 82.*** *Cada ITF deberá elaborar y remitir a la CNBV, a través de los medios que esta señale, un Manual de Cumplimiento en el que dicha ITF desarrolle sus respectivas políticas de identificación y conocimiento*

del Cliente, así como los criterios, medidas y procedimientos internos que deberá adoptar para dar cumplimiento a lo previsto en las presentes Disposiciones y para gestionar los Riesgos a que está expuesta de acuerdo con los resultados de la implementación de la metodología a que se refiere el Título Segundo, Capítulo Único de las presentes Disposiciones.

En su caso, en el Manual de Cumplimiento también se deberán incluir las referencias de aquellos criterios, medidas, procedimientos internos y demás información que, por virtud de lo dispuesto en estas Disposiciones, puedan quedar plasmados en un documento distinto al antes mencionado.

En cualquiera de los documentos mencionados en el párrafo anterior, se deberá incluir el diseño de la metodología a que se refiere el Título Segundo, Capítulo Único de las presentes Disposiciones. Asimismo, deberá incluirse el procedimiento y criterio(s) para la determinación de la apertura, limitación y/o terminación de las relaciones comerciales con los Clientes, que deberán ser congruentes con dicha metodología.

Son evidentes dos variables, la primera es la metodología el Título Segundo, Capítulo Único, que señala que las ITF deben diseñar e implementar una metodología de evaluación del riesgo a los que se encuentran expuestas derivado de los productos, servicios, clientes, países o áreas geográficas, canales de envío o distribución, transacciones e incluso derivado de la propia infraestructura tecnológica con la que operan; esto quiere decir, que aquel persona, física o moral que tenga la intención de ofrecer servicios de intermediación financiera, debe conocer el contexto en el que se maneja, y principalmente el nivel de riesgo que representan sus operaciones; como consecuencia, se deben notificar los procesos que se llevarán a cabo para la identificación, medición y mitigación de riesgos, para lo cual se deben tomar en cuenta factores de riesgo.

Esta metodología debe estar prevista y desarrollada en el Manual de Cumplimiento, y deberán abordar los siguientes elementos:

Identificar los elementos e indicadores asociados a cada uno de ellos que explican cómo y en qué medida se puede encontrar expuesta al Riesgo la ITF, debiendo considerar al menos, los siguientes elementos:

a) Productos y servicios.
b) Tipos de Clientes.
c) Países o áreas geográficas.

d) Transacciones y canales de envío o distribución vinculados con las Operaciones que la ITF realiza con sus Clientes.

Utilizar un método para la medición de los Riesgos que establezca una relación entre los indicadores y los elementos referidos en el punto anterior, asignando un peso a cada uno de ellos de manera consistente en función de su importancia para describir dichos Riesgos.

Identificar los Mitigantes que la ITF tiene implementados al momento del diseño de la metodología, debiendo considerar todas las políticas, criterios, medidas y procedimientos internos contenidos en su Manual de Cumplimiento, así como su efectiva aplicación, a fin de establecer el efecto que estos tendrán sobre los indicadores y elementos de Riesgo.

Es así, como los riesgos se determinaran en base a productos o servicios, el tipo de cliente, países en que se manejan, y las transacciones o canales que representan los envíos, es decir la estructura operativa de la ITF, haciendo especial énfasis en la debida diligencia del cliente, ya que tienen la obligación de implementar políticas de identificación de sus clientes, así como controles que las garanticen, y permitan recabar datos y documentación que permita la prevención del delito, asegurando la autenticidad de los mecanismos de identificación que se presenten, ya que en la actualidad es sencilla la falsificación de Pasaportes, Identificaciones Oficiales e incluso de Cartillas Militares.

Sin embargo, existen mecanismos de prevención e identificación de falsificación de estos documentos, por lo que no existe un escenario de indefensión por parte de las ITF, pues cuentan con los mecanismos de prevención del delito necesarios, sin embargo, se debe contar con un programa o cultura de cumplimiento, ya que por su calidad y características de las operaciones se vuelven indispensables.

La información de identificación de cada cliente es tan importante que las ITF están obligadas a generar un expediente por cada uno de ellos al momento en que se celebren los contratos de prestación de servicios, y entre los requisitos de integración está la geo localización del dispositivo móvil desde el cual el cliente se encuentra celebrando el contrato, además de integrar datos de identificación como:

<table>
<tr><td colspan="3" rowspan="7">Datos de Identificación (Documento válido de identificación vigente)</td><td colspan="2">I. Apellido paterno, apellido materno y nombre o nombres sin abreviaturas.</td></tr>
<tr><td colspan="2">II. Género.</td></tr>
<tr><td colspan="2">III. Fecha de nacimiento.</td></tr>
<tr><td colspan="2">IV. Entidad Federativa de nacimiento.</td></tr>
<tr><td colspan="2">V. País de nacimiento.</td></tr>
<tr><td colspan="2">VI. Nacionalidad.</td></tr>
<tr><td colspan="2">VII. Clave de elector, en su caso.</td></tr>
<tr><td colspan="3">Domicilio Particular</td><td colspan="2">Nombre de la calle, avenida o vía de que se trate, debidamente especificada; número exterior y, en su caso, interior; colonia o urbanización; alcaldía, delegación, municipio o demarcación política similar que corresponda, en su caso; ciudad o población, entidad federativa, estado, provincia, departamento o demarcación política similar que corresponda, en su caso; código postal y país.</td></tr>
<tr><td colspan="5">Ocupación, profesión, actividad o giro del negocio al que se dedica el Cliente.</td></tr>
<tr><td>CURP</td><td colspan="3">Firma autógrafa digitalizada</td><td>Teléfono donde se pueda localizar</td></tr>
<tr><td>e-mail</td><td>Cuenta Clabe</td><td colspan="3">Manifestación de la persona de actuar por cuenta propia</td></tr>
</table>

El cuadro anterior tan solo son los requisitos para integrar el expediente de persona física, sin embargo las DCG señalan requisitos para personas morales, personas físicas de nacionalidad extranjera, personas morales de nacionalidad extranjera; sociedades, dependencias y entidades señaladas en el Anexo 1 de las mismas, propietarios reales, Proveedores de recursos, personas que figuren como terceros autorizados en la cuenta abierta por el Cliente u Operación realizada por este y tratándose de beneficiarios.

Y una vez que se han armado las carpetas de cada cliente, toca definir el nivel de riesgo de cada uno de ellos, éstos deben clasificarse al menos en tres gados: de riesgo bajo, medio y alto; sin embargo, las ITF pueden establecer grados intermedios como consideren, ahora bien para asignar o determinar el grado de riesgo deben contemplar:

Características inherentes a la persona, pudiendo incluir: antecedentes del Cliente, tipo de persona, fecha de nacimiento o constitución, giro o actividad, nacionalidad, lugar de residencia, fuentes de ingreso, así como la naturaleza y propósito de la relación que tenga con la ITF, entre otros. Características transaccionales, pudiendo incluir: tipo y número de productos y servicios contratados, volumen en número y monto de Operaciones, frecuencia de las Operaciones, número de contrapartes, origen y destino de los recursos, instrumento monetario, tipo de moneda, en su caso, entre otros.

Evidentemente las ITF pueden señalar factores adicionales, siempre y cuando se encuentren explicados en el manual de cumplimiento que deberán enviar a la CNBV, con el objetivo de determinar si el comportamiento transaccional corresponde razonablemente con ingresos, funciones, nivel y responsabilidad de dichas personas.

5.5. LA OBLIGACIÓN DE IMPLEMENTAR UN PROGRAMA DE CUMPLIMIENTO EN LAS INSTITUCIONES DE TECNOLOGÍA FINANCIERA

La Ley Fintech, a través de las Disposiciones de Carácter General a que se refiere el artículo 58, puede que sea una de las más completas en materia de establecimiento de la estructura de un programa de cumplimiento normativo, puesto que en su estructura determina la implementación de:

Título	Capítulo	Artículos
Título I **Objetos y Definiciones**	Capítulo Único	1-2
Título II **Enfoque basado en riesgo**	Capítulo Único	3-9
Título III **Debida diligencia del Cliente**	Capítulo I Política de Identificación del cliente	10-28
	Capítulo II De la Clasificación del Grado de Riesgo del Cliente	29-33
	Capítulo III Conocimiento del Cliente	34-44

Título	Capítulo	Artículos
Título IV Estructuras Internas	Capítulo I Del comité de comunicación y control	45-48
	Capítulo II Del Oficial de Cumplimiento	49-53
Título V Capacitación y Difusión	Capítulo Único	54-55
Título VI Sistemas Automatizados	Capítulo Único	56
Título VII Reserva y Confidencialidad	Capítulo Único	57-59
Título VIII Lista de Personas Bloqueadas	Capítulo Único	60-65
Título IX De los Reportes	Capítulo I Del reporte de Operaciones Relevantes	66
	Capítulo II Del reporte de operaciones en efectivo en moneda extranjera	67
	Capítulo III Del Reporte de Transferencias internacionales que realizan las ITF	68
	Capítulo IV Del reporte de Operaciones Inusuales	69-73
	Capítulo V Del reporte de Operaciones con Activos Virtuales	74
	Capítulo VI Del reporte de Operaciones Internas Preocupantes	75
Título X De la auditoría para revisar el cumplimiento de las presentes disposiciones	Capítulo Único	76

Título	Capítulo	Artículos
Título XI Del intercambio de Información	Capítulo I Del Intercambio de Información entre ITF	77-78
	Capítulo II Del Intercambio de Información con otras Entidades Financieras, así como centros cambiarios, transmisores de dinero y asesores en inversiones	
	Capítulo III Del Intercambio de Información con Entidades Financieras Extranjeras	81
Título XII Del Manual de Cumplimiento	Capítulo Único	82-88
Título XIII Otras Obligaciones	Capítulo Único	89-92
Título XIV Disposiciones Generales	Capítulo Único	93-98
Título XV De las operaciones de transmisión de dinero que realizan las Instituciones de Fondos de Pago Electrónico	Capítulo I Disposiciones Generales	99-100
	Capítulo II De la Identificación del cliente o usuario de servicios de transmisión de dinero	101
	Capítulo III De los Reportes de servicios de transmisión de dinero	102-103
Título XVI Modelos Novedosos	Capítulo Único De la autorización a Sociedades Autorizadas	104-106

Como consecuencia, el artículo 58 de la Ley Fintech establece la obligación de establecer medidas y procedimientos orientados al PLD/FT, debiendo estar contenidos y desarrollados en un manual, definiendo su forma y términos en las DCG, que en general comprende:

a) Conocimiento del cliente.
b) Información y documentación de identidad del Cliente.
c) Resguardo y garantía de la seguridad de la información y documentación de esta información.
d) Capacitación al interior de las ITF en materia de PLD/FT

e) Uso de sistemas automatizados que coadyuven en el cumplimiento de medidas de PLD/FT
f) Comité de comunicación y control, designación del oficial de cumplimiento
g) Revisión anual por parte del área de auditoría interna o bien por un tercero independiente sobre efectividad, así como la debida atención al manual de cumplimiento enviado a la CNBV.

Como consecuencia, no bastará con integrar el manual de cumplimiento y contar con oficial de cumplimiento certificado, sino que se debe cumplir con una revisión anual por parte de auditor certificado, que por la importancia de éste se aborda en el siguiente inciso.

5.6. EVALUACIÓN DE UN AUDITOR INTERNO O UN TERCERO INDEPENDIENTE QUE MIDA LA EFECTIVIDAD DEL CUMPLIMIENTO DE LAS DISPOSICIONES EN LA MATERIA

El riesgo delictivo en las Instituciones de Tecnología Financiera es latente, ya se ha vislumbrado en el inciso anterior, el grado de prevención que existe en las DCG del artículo 58 de la Ley Fintech, y esto se debe en gran medida al anonimato que pudiera existir en las operaciones realizadas a través de una aplicación telefónica, a pesar de todos los sistemas de geo localización, identificación del rostro y registro de identificaciones oficiales, al final de cuentas el crimen organizado siempre va dos pasos delante de los mecanismos que la norma establezca en materia de prevención del delito.

Por lo anterior, la Ley Fintech señala en su séptimo inciso del segundo párrafo del artículo 58 que deberá existir una revisión realizada de manera anual por parte de auditor interno o por tercero independiente enfocado en la EFECTIVIDAD DEL CUMPLIMIENTO DE LAS DCG del artículo 58; esta aclaración debe ser realizada, ya que sumado a este requisito normativo por parte de la Ley Fintech, también en su artículo 49 se aborda el tema del auditor, sin embargo en este artículo se enfoca a los estados financieros anuales de las ITF que deberán estar dictaminados, y a pesar de que el auditor externo independiente pueda ser designado directamente por el órgano de administración, la CNBV en su función supervisora procurará las características y requisitos que debe cumplir este auditor externo y todo aquel que forme parte de la auditoría, con el fin de asegurar la adecuada alternancia de los auditores y control de calidad; incluso este órgano regulador tiene la facultad de inspección y vigilancia respecto de aquellos que presten los servicios de auditoría externa a las ITF.

Lo anterior quiere decir que la CNBV tiene la facultad para practicar visitas de inspección no solo a la ITF, sino a los auditores, empleados e incluso a los socios que formen parte de la auditoría con la finalidad de cumplir con las disposiciones de la Ley Fintech y sus DCG, contando incluso con atribuciones para requerir toda clase de información, requerir comparecencia de socios, o emitir normas y procedimientos de auditoría que deben observar las persona jurídicas que presten los servicios de auditoría externa al dictaminar o emitir opiniones relativas a estados financieros.

Incluso, recientemente se ha publicado el acuerdo a través del cual la CNBV da facultades a distintos funcionarios del propio organismo para imponer sanciones, esto se da a través del DOF del 13 de Abril el Acuerdo por el que la junta de gobierno de la CNBV delega al Presidente, Vicepresidente Jurídico, Director General de Delitos y Sanciones y Coordinadores de Sanciones Administrativas A, B, y C de la propia Comisión, la facultad de imponer sanciones administrativas; que en la fracción VIII del artículo segundo señala como infractores, a las sociedades autorizadas para operar con modelos novedosos en términos de la Ley para Regular las Instituciones de Tecnología Financiera.

El acuerdo llega como resultado de la publicación de un nuevo reglamento interno de la CNBV que fue publicado el 28 de Febrero de 2022, y que brinda mayor seguridad jurídica en materia de supervisión y sanción de aquellas personas jurídicas autorizadas para ejercer funciones de tecnología financiera y que infrinjan cualquiera de las disposiciones de la Ley que las regula (Ley Fintech).

La estructura de este nuevo acuerdo es la siguiente:

> *Cuando el total de la(s) multa(s) impuesta(s) en un sólo acto a la entidad o persona infractora, con motivo de una o diversas infracciones, sea hasta por 150,000 días de salario mínimo general en la Ciudad de México*

(cerca de 14.4 millones de pesos), la facultad recae en el presidente y vicepresidente jurídico de la CNBV, de manera indistinta.

Cuando el total de la(s) multa(s) impuesta(s) en un solo acto, con motivo de una o diversas infracciones, sea hasta por 100,000 días de salario mínimo general (cerca de 9.6 millones de pesos), la facultad recae en el director General de Delitos y Sanciones de la CNBV.

Cuando el total de la(s) multa(s) impuesta(s) en un solo acto, con motivo de una o diversas infracciones, sea hasta por 35,000 días salario mínimo (3.3 millones de pesos), la facultad recae en los coordinadores de Sanciones Administrativas A, B o C.

Cabe señalar que al primer cuatrimestre del 2022 se han emitido 30 sanciones a empresas por infringir la Ley Fintech, estas sanciones se elevan a 60 millones de pesos, y en su mayoría se imponen derivado de brindar al público en general información errónea sobre sus modelos de negocio, es decir que el delito se orienta más a la captación de una cartera de clientes a través de publicidad engañosa.

Como consecuencia, las ITF también deben asegurarse de contratar los servicios de auditor externo que cumpla con lo señalado en los artículos 49 y 50 así como con las DCG, que incluso tienen la obligación de conservar la documentación, información y demás elementos utilizados para elaborar su dictamen, evaluación, informe u opinión, por un plazo de al menos cinco años, finalmente, en materia del auditor dictaminador, es necesario señalar que la CNBV tiene la facultad para ordenar la remoción de los auditores externos independientes de las ITF, así como suspender o inhabilitar a dichas personas por el periodo de tres meses a cinco años, cuando incurran de manera grave o reiterada en infracciones a esta Ley o a las DCG que de ella emanen, o bien, proporcionen dictámenes u opiniones que contengan información falsa, con independencia de las sanciones a las que pudieran hacerse acreedores.

En materia de la auditoría anual señalada por la CNVB para supervisar que se esté cumpliendo con la normatividad, se establece que el Oficial de Cumplimiento no podrá tener funciones de auditor interno en la ITF, evidentemente por conflictos de interés, al tener que fiscalizar su propio trabajo.

Ahora bien, el Título Décimo aborda la auditoría para revisar el cumplimiento de las DCG del artículo 58 de la Ley Fintech, y en su artículo único (76) se señaka que las ITF deberán mantener medidas de control que incluyan la revisión por parte del auditor interno, o bien, tercero independiente, con el objetivo de evaluar y dictaminar, de enero a diciembre (anual) o respecto del periodo que resulte de la fecha en que la CNBV autorizó el inicio de operaciones de la ITF a diciembre del respectivo año, la efectividad del cumplimiento de las DCG.

Los resultados de esta auditoría serán presentados al administrador único o a la dirección general, a manera de informe con la finalidad de que sea evaluada la eficacia operativa de medidas implementadas, además de dar seguimiento a programas de acción correctiva; cabe señalar que el auditor deberá estar certificado por la CNBV, tal como lo señala la fracción X del artículo 4 de la Ley de la Comisión Nacional Bancaria y de Valores, misma que deberá estar vigente, y al igual que los dictámenes, la revisión anual del cumplimiento normativo deberá ser conservada por el ITF por un plazo no menor a cinco años y remitirse a la CNBV dentro de los sesenta días naturales siguientes al cierre del ejercicio al que corresponda la revisión.

5.7. DESAFÍO JURÍDICO DE LA INDUSTRIA FINTECH FRENTE A LA FALTA DE ACREDITACIÓN DE LA IDENTIDAD

La transformación digital es inminente e indetenible, sin embargo, esto no implica que deba desatenderse factores que pudieran llevar estas innovaciones a manos de grupos delictivos, especialmente en materia de blanqueo de capitales y financiamiento al terrorismo, y uno de los temas que preocupa es el anonimato que puedan llegar a representar los clientes de las instituciones de tecnología financiera, es decir, las operaciones son impersonales, lo que complica tener certeza de quién las efectúa, de manera que la vulnerabilidad es equiparable a los mecanismos de PLD /FT señalados en el artículo 58 de la Ley Fintech y sus DCG.

El riesgo principal para las Fintech es el seguimiento e identificación de los clientes, puesto que se facilita el cambio de origen del dinero, el destino e incluso la identidad de quien hace la operación, los medios electrónicos facilitan falsear información, tan solo hay que ver las bases de datos de diferentes redes sociales o cualquier plataforma digital, se podrá encontrar infinidad de miembros que han falseado información ante la facilidad de hacerlo.

Como consecuencia, para lograr una transformación digital adecuada, la clave es el denominado KYC, estrategia esencial que incluso se encuentra regulada por la CNBV, el KYC (Know your Customer) hace referencia a los procesos que las ITF deben realizar para identificar y verificar la identidad de los cliente; incluso las medidas aplicadas a las ITF están a la par de las aplicadas a la banca comercial.

Las DCG no las conoce como KYC sino como la debida diligencia del cliente y está regulada en su Título III y comprende 34 artículos que van desde:

- Políticas de identificación del cliente
- Clasificación del grado de riesgo del cliente.
- Conocimiento del cliente.

Esto viene incluso de las recomendaciones hechas por el GAFI, que señala en su décima recomendación la prohibición de instituciones financieras que mantengan cuentas anónimas o con nombres obviamente ficticios, considerando las siguientes medidas de debida diligencia:

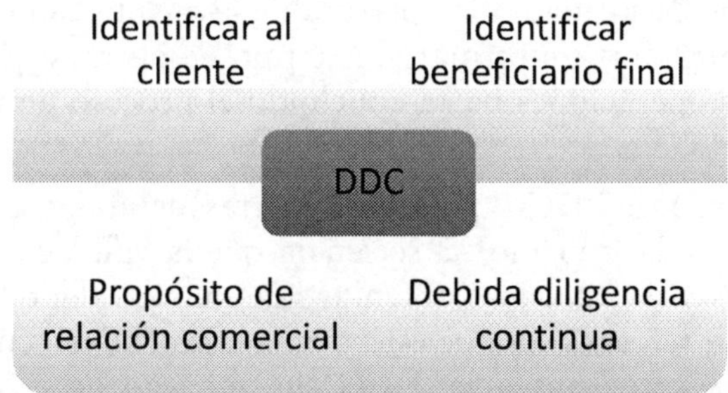

Identificar al cliente y verificación de la identidad del cliente utilizando documentos, datos o información confiable, de fuentes independientes.

Identificar al beneficiario final y tomar medidas razonables para verificar la identidad del beneficiario final, de manera tal que la institución financiera esté convencida de que conoce quién es el beneficiario final. Para las personas jurídicas y otras estructuras jurídicas, esto debe incluir que las instituciones financieras entiendan la estructura de titularidad y de control del cliente.

Entender, y cuando corresponda, obtener información sobre el propósito y el carácter que se pretende dar a la relación comercial.

Realizar una debida diligencia continua de la relación comercial y examinar las transacciones llevadas a cabo a lo largo de esa relación para asegurar que las transacciones que se realicen sean consistentes con el conocimiento que tiene la institución sobre el cliente, su actividad comercial y el perfil de riesgo, incluyendo, cuando sea necesario, la fuente de los fondos.

Esto se da con el objetivo de prevenir una vulnerabilidad, es decir, una debilidad en los controles, políticas, procesos, o medidas que se pueden presentar de manera intrínseca en determinados procesos, que facilita que las operaciones de lavado de activos y/o de financiación del terrorismo se ejecuten con éxito a través de las Instituciones de Tecnología Financiera; las ITF están obligadas a elaborar e implementar políticas de identificación de sus cliente, sin embargo, esta verificación de la identidad del cliente y autenticidad de documentos de identificación pudrán realizarse a través de medios electrónicos de validación, incluso si son consideradas de riesgo bajo pueden llevarse a cabo con posterioridad a la apertura de la cuenta, sin embargo, las ITF están obligadas a informar a este tipo de clientes que no se podrán realizar operaciones hasta concluido el proceso de validación y verificación.

Sin embargo, las DCG presentan ciertas debilidades, pues en el último párrafo del artículo 23 se señala que la validación y verificación de datos y documentos obtenidos de manera digital podrán ser realizadas por terceros sin que esto exima a las ITF del cumplimiento de obligaciones previstas en las DCG, sin embargo, no se habla de una regulación de estos terceros autorizados a llevar a cabo la validación y verificación de datos y documentos obtenidos de manera digital.

Dentro de las obligaciones conferidas a la ITF está el de contar con un modelo de evaluación de riesgos, que consistirá en clasificar a sus clientes por grado de riesgo, el cual debe estar establecido en el Manual de Cumplimiento, debiéndolo llevar a cabo al menos cada seis meses, a fin de determinar si resulta o no necesario clasificar a sus clientes en un grado de riesgo diferente, de modo que el conocimiento del cliente es la piedra angular de la seguridad y certeza jurídica del sistema de prevención de lavado de dinero y financiamiento al terrorismo, ya que incluso, las ITF deben tener e implementar un sistema de alertas que permita el seguimiento y, en su caso, la detección **oportuna** de algún cambio en el comportamiento o perfil transaccional del Cliente, para efecto de adoptar las medidas necesarias para **prevenir o detectar actos, Operaciones u omisiones que pudiesen ubicarse en los supuestos de los artículos 139 Quáter o 400 Bis del Código Penal Federal.**

Esta situación trasciende incluso a la responsabilidad penal en la que puede llegar a incurrir la ITF al no presentar medidas de prevención del delito, más allá de las sanciones económicas como consecuencia de la falta de cumplimiento de la Ley Fintech, también se hará acreedora a las sanciones establecidas en el 422 del Código Nacional de Procedimientos Penales, respondiendo en medida de:

a) La magnitud de la inobservancia del debido control en la ITF y la exigibilidad de conducirse conforme a la norma;
b) El monto de dinero involucrado en la comisión del hecho delictivo, en su caso;
c) La naturaleza jurídica y el volumen de negocios anual de la ITF;
d) El puesto que ocupaban, en la estructura de la persona jurídica, la persona o las personas físicas involucradas en la comisión del delito;
e) El grado de sujeción y cumplimiento de las disposiciones legales y reglamentarias, y
f) El interés público de las consecuencias sociales y económicas o, en su caso, los daños que pudiera causar a la sociedad, la imposición de la pena.

Esto derivado de la responsabilidad penal establecida en el 421 del Código Nacional de Procedimientos Penales que establece que las personas jurídicas (ITF) serán penalmente responsables, de los delitos cometidos a su nombre, por su cuenta, en su beneficio o a través de los medios que ellas proporcionen, cuando se haya determinado que además existió **inobservancia del debido control en su organización.** Lo anterior con independencia de la responsabilidad penal en que puedan incurrir sus representantes o administradores de hecho o de derecho.

Como consecuencia, las ITF, junto con las instituciones de bancarias, cuentan con una de las regulaciones más completas en materia de PLD/FT, considerando varios mecanismos de prevención de actividades vulnerables; que incluso cuentan con medidas de supervisión y vigilancia realizadas por órganos reguladores como la CNBV.

5.8. MECANISMOS DE PREVENCIÓN DE ACTIVIDADES VULNERABLES QUE DEBEN ATENDER LAS FINTECH EN FAVOR DEL CUMPLIMIENTO NORMATIVO

Por la naturaleza de las actividades propias de las Instituciones de Tecnología Financiera, pueden ser consideradas como actividades vulnerables, se ha podido vislumbrar que la Ley Fintech aborda en mayor medida las nociones operativas que deberán ser consideradas como tecnologías financieras o modelos novedosos, y será el artículo 58 y las Disposiciones de Carácter General que se desprenden de éste los que abordan la materia de PLD/ FT, determinando los mecanismos necesarios para su debido cumplimiento; es necesario enlistar estos medios que señala las DCG orientados a prevenir el delito y la responsabilidad penal de las ITF ante la falta de atención en el control interno, además de señalar algunos de los participantes y conceptos que intervienen en la formulación del Manual de Cumplimiento orientado a la prevención del acto delictivo, estos son:

Debida Diligencia del Cliente: Cómo ya se mencionó en el inciso anterior, la debida diligencia de éste va a ser piedra angular en la formulación de mecanismos de prevención delictiva, ya que su reconocimiento va a permitir la anticipación mediante los instrumentos de medición de riesgo, validación y verificación, control y clasificación de estos actores del sistema de tecnología financiera que se regula en esta Ley.

Enfoque basado en Grado de riesgo. La ITF debe diseñar mecanismos de medición de riesgo del cliente, a través de analizar diferentes factores como la ocupación, profesión, actividad, giro del negocio, montos que maneja, etc. (art. 70 DCG) El grado de riesgo sirve para identificar y evaluar el nivel de riesgo de clientes, cumpliendo con la normativa en materia del artículo 15 y 18 de la Ley Federal para la Prevención e Identificación de Operaciones con Recursos de Procedencia Ilícita; las DCG dejan abierta la posibilidad de elegir el modelo de evaluación de riesgos, que deberá ser coherente con la metodología del enfoque basado en riesgos establecido en el Título segundo, capítulo único de las DCG. Cabe mencionar que existen diferentes modelos que permiten conocer el nivel de riesgo de una persona que solicita servicios, entre los cuales destacan el de "Adecuada Gestión de riesgo criminal" de Basilea y el "Enfoque Basado en Riesgo" de Wolfsberg, de acuerdo al documento "Evaluación al proceso PLD/FT" elaborado por la Secretaría de Hacienda y Crédito Público (SHCP) y la Comisión Nacional Bancaria y de Valores (CNBV).

Oficial de cumplimiento. Tiene la obligación de elaborar y someter a consideración el diseño del manual de cumplimiento, la metodología para designar el riesgo de los clientes, verificar la correcta ejecución de medidas adoptadas, informar al comité de actos u omisiones por parte de miembros de la ITF que incurra, incumplan o contravengan lo dispuesto en la Ley, dar a conocer al comité de actos u operaciones que representan un alto riesgo para la ITF, coordinar actividades de seguimiento operacionales e investigaciones a nivel institucional para ser dictaminadas como operaciones inusuales o internas preocupantes; enviar a la CNBV los reportes de operaciones internacionales que se realicen, fungir como consultor al interior de la ITF sobre la aplicación de las DCG, así como del manual de cumplimiento, definir lineamientos del programa de capacitación del personal de la ITF en materia de PLD/FT y en general de la prevención delictiva interna, informando sobre los mecanismos de comunicación y denuncia que se ponen a disposición de los miembros; ser el enlace entre el comité, la

SHCP y la CNBV para asuntos en materia de aplicación de las DCG, y aquellas necesarias para el cumplimiento de funciones de prevención del delito.

Operaciones Relevantes. Detección oportuna de algún cambio en el comportamiento o perfil transaccional del Cliente o personal, para efecto de adoptar las medidas necesarias para prevenir o detectar actos, Operaciones u omisiones que pudiesen ubicarse en los supuestos de los artículos 139 Quáter o 400 Bis del Código Penal Federal.

Operaciones Inusuales. Aquellas señaladas en el artículo 70 de las DCG, y que reflejen un cambio en el comportamiento operativo de un cliente.

Operaciones Internas Preocupantes. Cuando el que cambia de situación económica es uno de los miembros de la ITF, es decir, cuando se detecte que algún directivo, funcionario, empleado o apoderado de la ITF, mantiene un nivel de vida notoriamente superior al que le correspondería, de acuerdo con los ingresos que percibe de ella, o cuando sin causa justificada, algún de estos actores, intervenga de manera reiterada en la realización de Operaciones que hayan sido reportadas como Operaciones Inusuales; y ante sospechas de haber incurrido en actos, omisiones u Operaciones que pudiesen actualizar los supuestos previstos en los artículos 139 Quáter o 400 Bis del Código Penal Federal; o cuando sin causa justificada, exista una falta de correspondencia entre las funciones que se le encomendaron y las actividades que de hecho lleva a cabo.

Manual de Cumplimiento. Políticas de identificación y conocimiento del Cliente, así como los criterios, medidas y procedimientos internos que deberá adoptar para dar cumplimiento a lo previsto en las DCG y para gestionar los riesgos a que está expuesta; también se deberán incluir las referencias de aquellos criterios, medidas, procedimientos internos y demás información que puedan quedar plasmados en un documento distinto al antes mencionado, asimismo, deberá incluirse el procedimiento y criterios para la determinación de la apertura, limitación y/o terminación de las relaciones comerciales con los Clientes, que deberán ser congruentes con la metodología del enfoque basado en riesgos.

Comité de comunicación y control. Órgano colegiado cuyas funciones son someter para aprobación el Manual de Cumplimiento, presentar los resultados de la implementación de la metodología del enfoque basado en riesgos, conocer los resultados de la auditoría anual, conocer las operaciones que pudieran representar un riesgo para la ITF, establecer y difundir criterios para la clasificación de riesgos, y las demás que se señalan en el artículo45 de las DCG.

Mecanismos de Capacitación y Difusión. Las ITF deberán proporcionar capacitación al interior de las mismas, dirigida especialmente a los miembros de sus respectivos consejos de administración o administrador único, directivos, funcionarios y empleados, incluyendo aquellos que laboren en áreas de atención al público o de administración de recursos, contemplando los señalado en el artículo 54 de las DCG, entre los que sobresale el conocimiento, análisis e información sobre técnicas, métodos, conductas y tendencias nacionales e internacionales para prevenir, detectar y reportar Operaciones que pudiesen actualizar los supuestos previstos en los artículos 139 Quáter o 400 Bis del Código Penal Federal (PLD/FT). Los talleres deben realizarse al menos una vez al año.

Lista de personas bloqueadas. Estas son gestionadas por la SHCP, y ante la cual se deberá suspender de manera inmediata la realización de cualquier acto, actividad, operación o servicio relacionado con el Cliente identificado en la Lista de Personas Bloqueadas.

Auditorías para revisar cumplimiento de las DCG. Una vez al año, a través de auditor interno o tercero independiente, para evaluar y dictaminar la efectividad del cumplimiento de las DCG y del manual de cumplimiento, conforme a los lineamientos que para tales efectos emita la CNBV.

Intercambio de Información. Este mecanismo de prevención delictiva se orienta a intercambiar información sobre las Operaciones, actividades y servicios que realicen con sus Clientes o de estos entre sí, con el objeto de fortalecer las medidas y procedimientos para prevenir y detectar actos, omisiones u operaciones que pudiesen actualizar los supuestos de PLD/FT o favorecer, prestar ayuda, auxilio o cooperación de cualquier especie para la comisión de delitos en contra de sus Clientes o de la propia ITF.

5.9. El valor de la Debida Diligencia del Cliente en la Prevención Delictiva Empresarial en la FINTECH

El Grupo de Acción Financiera Internacional (GAFI) a través de su Informe de Evaluación Mutua de 2018 informó de deficiencias en materia de debida diligencia del cliente (DDC), al señalar que ésta no se encontró suficientemente desarrollada en México en el ámbito de las nuevas tecnologías, cuyo propósito es mitigar riesgos inherentes y llegar a un nivel menor de riesgos residuales.[63] Sobre de esta situación, Gluyas Millán señala que las deficiencias reseñadas en citado informe del GAFI, están relacionadas con las carencias de las instituciones financieras en México de mecanismos de requerimientos de información a los clientes que permitan evaluar sus riesgos, las cuales han sido subsanadas mediante la promulgación tanto de la Ley para Regular las Instituciones de Tecnología Financiera (Ley Fintech), publicada en 2018, como en las Disposiciones de Carácter General (DCG) señaladas. No así las limitaciones en materia de DDC, sobre todo cuando las transacciones y registros son enviados vía remota, los cuales constituyen el 100% de las operaciones que en este medio se realizan.[64]

La calidad de las operaciones comerciales del cliente cobra un mayor valor frente a las operaciones propias de las Instituciones de Tecnología Financiera (Fintech), en donde la documentación se envía vía remota al ser característico de los propios objetivos de estas empresas, por lo que contar con mecanismos rigurosos en materia de DDC coadyuvan en la prevención delictiva.

El sistema económico en México y el mundo es dinámico, característica que promueve su evolución constante en mecanismos que faciliten el acceso de la población al sistema financiero mexicano. Para alcanzar este objetivo se requiere de una estructura de seguridad que garantice la integridad de los clientes, así como de la información personal y financiera que se maneja en lo que ahora se le denomina *big data*. Edgar Juárez señala que aunque hay más de 500 *startups* de tipo Fintech en México, la Ley Fintech sólo regula a aquellas relacionadas

---

63 Aquellos que subyacen de sustraer del riesgo inherente los mitigantes correspondientes que al respecto se implementen con el propósito de reducir los primeros.

64 Gluyas Millán, Ricardo. 2021. Prevención del lavado de dinero en modelos novedosos de tecnología financiera. México. INACIPE, p. 102.

con medios de pago electrónico, fondeo colectivo o *crowdfunding* y con activos virtuales, obligadas a pedir autorización a la Comisión Nacional Bancaria y de Valores (CNBV), de más de 80 que sí lo hicieron, hasta ahora han sido autorizadas 27 plataformas, mientras que 31 se encuentran en estatus de autorización condicionadas, es decir que todavía deben cumplir con requisitos para obtener su aval definitivo.[65]

El artículo 58 de la Ley para Regular las Instituciones de Tecnología Financiera desprende una serie de Disposiciones de Carácter General (DCG) cuyo objeto es el establecimiento de medidas y procedimientos mínimos para prevenir y detectar actos, omisiones y operaciones que pudieran favorecer, prestar ayuda, auxilio o cooperación de cualquier especie para la comisión de los delitos señalados en el 139 Quáter del Código Penal Federal o que caigan en el supuesto del 400 Bis del propio código que aborda el Lavado de Dinero y Financiamiento al Terrorismo.

Uno de los mecanismos centrales de estas disposiciones de prevención del delito es la Debida Diligencia del Cliente, de la cual se desprenden la política de identificación del cliente, la clasificación del grado de riesgo del cliente, conocimiento del Cliente. Las Fintech están obligadas a diseñar e implementar una política de identificación de sus clientes, contemplando los siguientes elementos:

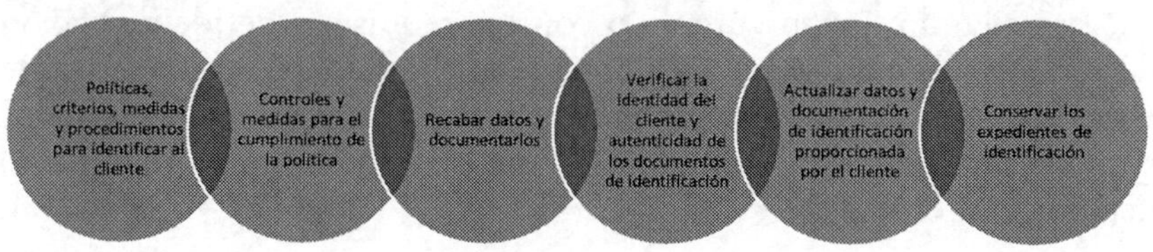

---

65 Juárez, Edgar, 2021. México tiene 512 fintech; sector creció 16% en un año. Visto en El economista online con fecha de 06 de Diciembre de 2021 < https://www.eleconomista.com.mx/sectorfinanciero/Crecio-16-el-numero-de-fintech-en-Mexico-durante-el-2021-ya-son-512-20211206-0044.html > consultado el día 01 de Julio de 2022.

Estos elementos deben formar parte del manual de cumplimiento normativo al que también se encuentra obligada la Fintech, y que, debido a su importancia, está sujeta a la aprobación de la propia Comisión Nacional Bancaria y de Valores. Incluso la debida diligencia del cliente es una de las recomendaciones del GAFI, que no se limita a la recolección y verificación de los datos de los clientes, sino también a mantener los registros de estos clientes al menos por cinco años, entendiéndose por éstos a las transacciones de manera que representen evidencia, de ser necesario, para el procesamiento de una actividad criminal.

El punto central es brindar de certeza jurídica a las actividades que se realizan a través del uso de tecnologías financieras basadas en la debida diligencia del cliente, siendo un proceso eficaz de gestión de riesgos de terceros, analizando si las relaciones con estos respaldan sus objetivos estratégicos y financieros y si la relación podrá coexistir de manera segura de conformidad con los requisitos jurídicos aplicables.

La DDC es el eje central de la prevención delictiva en las Fintech, debido a que representa el registro del cliente, los mejores documentos en materia de verificación de la identidad de los clientes serán aquellos que son más complicados de falsificar o de obtener de manera ilícita, y a pesar de que estos datos se obtienen al comienzo de las relaciones comerciales, el artículo 13 de la DCG del artículo 58 de la Ley Fintech, éstas únicamente podrán celebrar operaciones con los clientes cuando hayan cumplido con los requisitos de identificación de los mismos conforme a la propia normatividad, de manera que estas empresas tienen estrictamente prohibida la relación con aquellos a quienes no han logrado identificar, que se encuentren bajo nombres ficticios o anónimas.

De lo anterior se desprende la importancia del contexto de cada organización, pues de ella dependerá la debida diligencia, del entorno en que opera, que no será el mismo en cada cliente, por su personalidad jurídica, operaciones comerciales y sus características fiscales, por lo que la validación y verificación de la autenticidad de los documentos obtenidos a través de medios digitales por parte de las Fintech deberán mantenerse actualizados al menos una vez al año, asegurándose de que se cuente con todos los datos y documentos que respalden la identificación de cada uno de los clientes, identificando a tiempo los cambios en sus operaciones y cualidades comerciales.

A partir de la construcción de una documentación que respalden la certeza de la personalidad jurídica del cliente se clasificará el grado de riesgo de éste, que deberá ser coherente con la metodología que deberá ser informada a la propia CNBV, en donde se expresa la forma de evaluar los riesgos a la que se encuentra expuesta la Fintech derivado de: productos, servicios, clientes, países o áreas geográficas, canales de envío, distribución, transacciones, así como infraestructura tecnológica que operan; en base a esta metodología la Fintech está obligada a definir al menos tres clasificaciones referentes al grado de riesgo: Bajo, Medio y Alto; mismas que pueden ampliarse como se consideren necesarios; y que serán:

Inherentes a la persona:

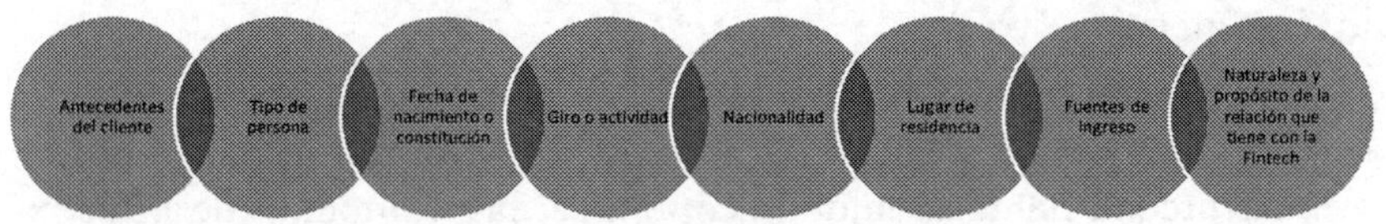

Características transaccionales:

Es evidente que la clasificación del tipo de cliente responde a las cualidades personales y comerciales del cliente, estas deben corresponder razonablemente entre los ingresos, funciones, nivel y responsabilidad que cada cliente tiene y genera a partir de sus operaciones comerciales; esto se logra a partir de la obligación de las Fintech por reconocer (a través de la metodología señalada en el título segundo de las DCG del artículo 58 de la Ley Fintech) el monto, tipo, naturaleza y frecuencia de las operaciones que realice el cliente, así como el origen y destino de los recursos objeto de las operaciones, incluso la geolocalización del dispositivo móvil desde el cual el cliente realiza la operación, actividad o servicio con la respectiva Fintech.

5.9. OPORTUNIDADES Y RIESGOS DE LA IA EN LA INDUSTRIA DE MICRO FINANCIAMIENTOS EN MÉXICO

La inclusión financiera en México se refiere al acceso y la participación de toda la población en los servicios financieros, independientemente de su nivel socioeconómico, geográfico o de otro tipo de barreras. El objetivo principal de la inclusión financiera es permitir que todas las personas tengan acceso a servicios financieros básicos, como cuentas bancarias, créditos, seguros, servicios de ahorro y servicios de inversión, entre otros.

La inclusión financiera desempeña un papel fundamental en el desarrollo económico y social de un país. En México, un país con una amplia brecha de desigualdad económica, la promoción de la inclusión financiera se ha convertido en una prioridad. Favoreciendo el acceso equitativo y sostenible a una variedad de servicios financieros, como cuentas bancarias, créditos, seguros y pagos electrónicos. Promover la inclusión financiera brinda a los ciudadanos la oportunidad de tener una identidad financiera, protección contra riesgos, y acceso a herramientas para el ahorro y la inversión.

La inclusión financiera empodera a las personas y comunidades al permitirles administrar su dinero de manera efectiva y tomar decisiones financieras informadas. Al tener acceso a servicios financieros, las personas pueden ahorrar, invertir y planificar su futuro económico. Esto fomenta el emprendimiento, el desarrollo de pequeñas empresas y el crecimiento económico a nivel individual y comunitario. Además desempeña un papel crucial en la reducción de la pobreza en México. Al proporcionar acceso a servicios financieros, se abren oportunidades para que las personas en situación de pobreza puedan acceder a recursos para mejorar su calidad de vida. Los servicios de microfinanzas y la capacitación financiera pueden ayudar a los individuos a iniciar o expandir pequeños negocios, generando ingresos adicionales y mejorando su bienestar económico.

La inclusión financiera a través de los micro créditos fortalece la economía de un país al proporcionar servicios financieros a un mayor número de personas, se aumenta la liquidez y el flujo de dinero en la economía, este escenario estimula el consumo, la inversión y el crecimiento económico general. Además, la inclusión financiera también fomenta la formalización de la economía, lo que conduce a una mayor recaudación de impuestos y fortalecimiento de las instituciones financieras.

Favorecer la posibilidad de acceder a un producto financiero impulsa la innovación y el desarrollo tecnológico en el sector financiero, para llegar a poblaciones no bancarizadas o subatendidas, se han desarrollado soluciones financieras digitales y tecnológicas, tal como lo son las Fintech, que llegan a la población a través de aplicaciones móviles, pagos electrónicos y plataformas de microfinanzas en línea. Estas innovaciones permiten llegar a más personas de manera eficiente y a un menor costo, al tiempo que fomentan la inclusión y la participación en la economía digital.

Entre los alcances de la IA en actos de comercio del Sistema Financiero Mexicano se pueden señalar las siguientes:

a) Evaluación crediticia inteligente. La IA ha facilitado el desarrollo de modelos de evaluación crediticia alternativos que van más allá de los criterios tradicionales utilizados por las instituciones financieras. En lugar de depender exclusivamente de historiales crediticios, la IA permite analizar una amplia gama de datos, como registros de transacciones, comportamiento financiero y datos sociodemográficos, para evaluar la solvencia crediticia de los solicitantes. Esto es especialmente beneficioso para las personas con escaso historial crediticio o sin acceso a servicios bancarios formales, permitiéndoles acceder a préstamos y otros servicios financieros.

b) Servicios personalizados: La IA permite a las Fintech ofrecer servicios financieros personalizados y adaptados a las necesidades individuales de los usuarios. Los algoritmos de IA analizan y procesan grandes volúmenes de datos para comprender los patrones de comportamiento financiero de los clientes y ofrecer recomendaciones personalizadas sobre ahorros, inversiones y gestión financiera. Esto permite a las personas acceder a servicios financieros que se ajustan a sus circunstancias específicas, lo que antes era difícil de lograr en el sistema financiero tradicional.

c) Automatización y reducción de costos: La IA ha permitido a las Fintech automatizar muchos procesos financieros, lo que conduce a una reducción de costos. Al eliminar la necesidad de intermediarios humanos en ciertas tareas, como la evaluación crediticia o la atención al cliente, las Fintech pueden ofrecer servicios a un costo más bajo, lo que se traduce en tarifas más asequibles para los usuarios. Esta reducción de costos puede ser especialmente beneficiosa para las personas de bajos ingresos o con recursos financieros limitados, ya que pueden acceder a servicios financieros de calidad a precios más asequibles.

d) Acceso a través de canales digitales: La IA ha facilitado el acceso a servicios financieros a través de canales digitales y dispositivos móviles. Las aplicaciones móviles y las plataformas en línea impulsadas por IA permiten a las personas realizar transacciones financieras, acceder a información y recibir servicios sin tener que visitar físicamente una sucursal bancaria. Esto es especialmente relevante para las personas que viven en áreas remotas o que no tienen acceso fácil a instituciones financieras tradicionales. La IA ha contribuido a superar las barreras geográficas y ha permitido una mayor inclusión financiera a través de la digitalización de los servicios.

Además de esto, la IA puede detectar y prevenir fraudes en el sector financiero al analizar patrones y comportamientos sospechosos en tiempo real. Al utilizar algoritmos avanzados, la IA puede identificar transacciones fraudulentas, actividades sospechosas y anomalías en los datos financieros. Esto ayuda a las instituciones financieras a tomar medidas rápidas para mitigar el fraude y proteger los activos de sus clientes, por lo que puede aplicarse en función de la gestión de riesgos mejorada.

5.10. ANÁLISIS JURÍDICO DE LAS CARACTERÍSTICAS DE LOS *SMART CONTRACTS* EN LOS SERVICIOS DE TECNOLOGÍA FINANCIERA

La Tecnología forma parte de la vida actual, y de manera progresiva se va adentrando en las diferentes índoles de la cotidianeidad, en el particular caso de estudio, toca analizar a los denominados Contratos Inteligentes, que buscan, a través de una cadena de bloqueo, lograr liberar a las transacciones de los intermediarios que cobran una comisión por brindar los servicios que ofrece esta nueva modalidad de acuerdos, eliminando los documentos físicos, convirtiéndolos en Scripts en lenguaje de programación, además de anexar los términos en líneas de código que remplazan las cláusulas y términos de un contrato tradicional, capaces de ser creados por personas físicas o jurídicas, o incluso por otros programas que funcionen de manera autónoma, ya que tienen validez sin depender de una autoridad, como consecuencia se habla de que son inmutables y descentralizados.

Sin embargo, cabe señalar que en materia del sector de servicios financieros, los intermediarios que busca erradicar el contrato inteligente son las denominadas Instituciones de Tecnología Financiera, cuyo objetivo es poner a disposición del público los productos financieros a los cuáles puede acceder a través de las tecnologías, y que ya se encontraban regulados a través de la Ley para Regular las Instituciones de Tecnología Financiera, principalmente para evitar que estas actividades fueran fuente de operaciones con recursos de procedencia ilícita, sin embargo, el sector privado la considero como un obstáculo para el crecimiento del sector, por lo que ahora con la aparición de estas nuevas modalidades de crear convenios se hace necesario realizar un análisis jurídico de las características de los smart contracts en los servicios de tecnología financiera.

Antes de abordar el tema de los contratos inteligentes, se hace necesario resolver el concepto de Blockchain, ésta es una tecnología cuyo origen se remonta a finales de los noventa (1998), cuando Nick Szabo la describió como el sistema descentralizado de pagos basado en el uso de técnicas criptográficas para facilitar la generación de unidades de valor virtual de forma estructurada.[66]

Mientras que una década después, Satoshi Nakamoto, publica un artículo donde aborda el tema del Bitcoin, en donde propone un sistema que asegure las transacciones entre dos agentes, evitando la intervención de un tercero que se encargue de validarlo, esta situación llevó a la primera red conocida como "Blockchain", señalada como aquella que se basa en una tecnología de red o de registro distribuido, o también llamada tecnología DLT (Distributed Ledger Technology) que permite crear redes para compartir libros registros de transacciones electrónicas, similares a los libros de contabilidad; en el cual, los libros se encuentran distribuidos entre los participantes de la red, quienes se encargan de su llevanza.[67]

La cadena de bloques se forma de un conjunto de transacciones que han sido verificadas, consensuadas y agrupadas secuencialmente, relacionados para generar un registro compartido de todas las transacciones, y una vez que han sido registradas, pueden ser consultadas pero no modificadas; es por esta razón que se le ha brindado de confianza en estas actividades de comercio electrónico.

La información es almacenada en diferentes ubicaciones mediante conexiones peer to peer[68] (P2P) evitando la intermediación, dejando la seguridad a protocolos criptográficos y técnicas que aseguran la permanencia, resiliencia e inmutabilidad de datos, tomando estos parámetros de seguridad, se define al Blockchain como un registro de todas las transacciones validadas agrupadas en bloques, cada una criptográficamente vinculada con las transacciones predecesoras hasta el bloque de génesis.[69]

---

66 Porxas, N. y Conejero, M. (2018): "Tecnología Blockchain: funcionamiento, aplicaciones y retos jurídicos relacionados"; México, Actualidad Jurídica Uría Menéndez, p. 24.

67 European Securities and Markets Authority (2018): "The Distributed Ledger Technology Applied to Securities Markets"; UE, p. 15.

68 Red de pares, red entre iguales o red entre pares es una red de ordenadores en la que todos o algunos aspectos funcionan sin clientes ni servidores fijos, sino una serie de nodos que se comportan como iguales entre sí.

69 Hileman, Garrick & Rauchs, Michel (2017): Global Cryptocurrency Benchmarking Study, Cambridge, Cambridge Centre for Alternative Finance, p. 13.

Situación que permiten actos de comercio desde cualquier parte del mundo, habilitando a los usuarios a realizar transacciones, lo que condujo al propio Szabo en 1996 describir al Smart Contract como un conjunto de promesas, especificadas en formato digital, incluyendo protocolos dentro de los cuales las partes cumplen con estas promesas.[70]

Como consecuencia, por medio de la tecnología Blockchain, se logra la materialización de contratos con capacidad de hacerse cumplir a sí mismos. Cabe resaltar que los contratos inteligentes surgen después de la creación del Bitcoin, una criptomoneda que requería de todo un ecosistema y plataforma que le diera seguridad a las operaciones comerciales que se manejaran con una moneda virtual, es decir, una moneda inexistente.

La confianza de los Smart Contracts surge de las características propias de la cadena de bloques, ya que es ahí donde se almacenan, que cuenta con las siguientes ventajas:

1. Inmutable. una vez creado el Smart Contract no puede ser modificado de nuevo por lo que nadie puede modificarlo y cambiar las normas o acuerdos dispuestos anteriormente.
2. Descentralizada. Todos deberán validar ese contrato en la red, por lo que una sola persona no puede mandar sobre el resto ni actuar por su cuenta.

Estos contratos tienen múltiples usos, por ejemplo, los bancos pueden usarlos para dar préstamos u ofrecer pagos automáticos, las compañías de seguros para procesar reclamaciones y las empresas de mensajería para pagos en las entregas; una de las empresas de Block Chain más usada para los Smart Contract es Ethereum, creada específicamente para ello; que además de ello, es la segunda criptomoneda más famosa en el mundo.

Como un breve antecedente, es necesario señalar que Ethereum fue creado por Vitalik Buterin en 2015, lo interesante, es que éste programador trabajaba en el código de Bitcoin, de manera que vislumbró

---

[70] Szabo, Nick (1996): "Smart Contracts: Building Blocks for Digital Markets"; EEUU, UVA, p. 61.

un área de oportunidad para expandir la tecnología de Bitcoin, convirtiéndola en Ethereum, que evidentemente cuenta con una serie de características integradas por términos orientados más a la materia de sistemas computacionales e ingenierías cibernéticas, términos como prueba de trabajo o de participación, plataformas, y lenguajes de programación como Java Script, C++, etc.

Pero lo que si se debe recalcar es que, a diferencia de Bitcoin, Ethereum es una plataforma para ser base de aplicaciones descentralizadas, de manera que a pesar de contar con una criptomoneda denominada como Ether, no tienen una intención de ser un nuevo modo de intercambio de valor a diferencia de Bitcoin, sino una nueva plataforma de software donde otros desarrolladores puedan crear software de calidad, entre las que sobresalen los contratos inteligentes.

Ethereum es una de las principales plataformas sobre las que se pueden construir contratos inteligentes y aplicaciones descentralizadas, denominadas como dAPPs, de modo que esta plataforma soporta juegos, exchanges de criptomonedas y todo tipo de aplicaciones financieras funcionando sobre la cadena de bloques de Ethereum, que a pesar de que no es la única plataforma block chain para contratos inteligentes, pues han surgido competidores como Tron, Cardano, y muchos otros, sin embargo, ésta sigue siendo la cadena de contratos inteligentes más popular del mundo, y casi la mitad de las cien criptomonedas más importantes funcionan usando la plataforma Ethereum.

Y a pesar de que cuenta con algunas deficiencias, principalmente de capacidad, no lo son las de seguridad, y es por ello que representa, digamos así, la empresa que resguarda a los principales contratos inteligentes, eliminando a los intermediarios. De manera que las aplicaciones que se les pueden dar a los contratos inteligentes, son prácticamente infinitas.

De manera sencilla, los Contratos Inteligentes son secuencias de código y datos que efectúa la operación para la cual fueron programados, como consecuencia no son contratos en términos jurídicos, ya que la conceptualización jurídica sobre un contrato inteligente sería la de un programa informático que trabaja en base a una serie de instrucciones autoejecutables codificadas, donde el código mantiene aquellas que tengan relación al cumplimiento de las cláusulas y en donde existe acuerdo de voluntades, concurriendo así su relación en el mundo legal, y que es importante señalar, no pueden ser manipuladas.

Sobre de esto, Valencia Ramírez (2019) confirma que el contenido de un contrato inteligente se entra a establecer una limitación que recae sobre las distintas interpretaciones que pudieran tener el contenido de lo estipulado, ya que este se configura como un protocolo informático susceptible de hacer realidad lo pactado y nada más que lo pactado, al contrario de lo que puede ocurrir con contratos electrónicos o los tradicionales, en los que surgen disputas sobre su contenido e interpretación de éstos,[71] lo que puede significar una gran problemática, ya que, todo aquello que sea colocado en la cadena de bloques no podrá ser modificado en principio, y como consecuencia, debe existir una suficiente diligencia y cuidado a la hora de que se suscriban.

De manera que, así como las criptomonedas están obteniendo gran auge derivado de esta incorporación de la tecnología a la vida comercial, volviéndola más susceptible de una falta de normatividad, es necesario analizar la magnitud de operaciones realizadas mediante contratos inteligentes en México, y cuál es el futuro de este medio de comercio virtual en el país, para entender la importancia de su estudio.

Estamos frente a una figura creada prácticamente para evitar fraudes o errores en los actos de comercio o mejor dicho, de transacciones financieras, en donde la programación permite que en cuanto se cumplan los "requisitos" del contrato, en automático se ejecute la transacción, y contemplando que pueden ser creados por cualquiera en una plataforma abierta como lo es Ethereum, por mencionar una, entonces prácticamente cualquiera puede realizar este tipo de transacciones, evidentemente esto hace que surja la duda de los verdaderos beneficios de su creación, puesto que su "facilidad" puede incentivar operaciones de Lavado de Dinero, tal como lo señala Corrales al decir que un problema fundamental de los Smart Contract, sobre todo en la utilización de criptomonedas, es que ofrecen un anonimato, pudiendo

---

71 Valencia Ramírez, Juan Pablo (2019): "Contratos Inteligentes"; México, Editorial SEICIT, p. 5.

facilitar actividades delictivas como el lavado de dinero, o venta de drogas en línea, lo que hace que surjan cuestiones jurídicas que aún no se encuentran contempladas en el sistema legal.[72]

Como consecuencia, las acciones autoejecutables que representan los Smart Contract, pueden ser parte de una condición necesaria para una nueva acción, de manera que una transacción puede desencadenar otro supuesto programado evitando que las partes tengan la necesidad de intervenir una vez que haya finalizado con la transacción, lo que permite que se generen transacciones continuas condicionadas por una operación previa, que no puede ser llamada exitosa o fallidos, ya que no existen estos términos puesto que el contrato inteligente esta pre establecido, programado para que frente a condiciones fallidas, el activo vuelva a su origen frente al no cumplimiento de escenarios, por lo que, al final de cuentas, no puede ser considerada como fallida, porqué el contrato ejecutó las acciones para las cuáles fue programado, situación que no ocurre en contratos reales, y en donde escenarios fallidos casi siempre resultan en delitos de fraude.

Sobre algunos ejemplos del uso que se le da a los Smart Contract en los servicios financieros se pueden observar los más relevantes:

1. Préstamos. Almacenados como Smart Contract en Blockchain, junto con información de las garantías de una propiedad, de modo que si el deudor no efectúa el pago, el contrato puede revocar de manera automática las claves digitales que le den acceso a las garantías.
2. Herencias. Se automatizan a través de asignas los activos posterior al fallecimiento, de modo que el contrato inteligente se activa una vez que se haya verificado el fallecimiento, entrando en vigor y repartiendo los activos de manera cómo se programaron.
3. Depósitos en garantía. El Smart Contract configura las cuentas de depósito en garantía que hacen el seguimiento de intercambio entre las partes, de modo que cuando el comprador transfiera el pago a la cuenta del contrato, éste se asegurará de que

72 Corrales, Marcelo (2020): "La Revolución de la Blockchain y los Smart Contracts"; México, Mesan Abogados, p. 5.

la contraparte transfiera la propiedad al comprador, liberando de manera automática los fondos cuando el envío haya sido verificado.

4. Controles de criptomonedas. Los llamados monederos de criptomonedas, pueden ser regulados por contratos en donde se pueden incluir una variedad de controles, desde límites de reintegro diario, hasta concesiones o rescisión de acceso a entidades específicas.
5. Mercado de Capitales. Los valores que se basan en pagos y derechos pueden ser regulados de manera predefinida a través de los contratos inteligentes.

Como consecuencia, el sector financiero es uno de los primeros que se ha acercado a analizar los alcances del Blockchain y los contratos inteligentes, efectos de características como la descentralización de la información, la seguridad e inviolabilidad de las transacciones y contratos, y por otro lado, la falta de legislación han sido cuestiones estudiadas por un sector financiero que debido a las responsabilidades de sus acciones, debe estudiar a profundidad cada una de las virtudes y defectos de estas herramientas virtuales.

Según Carlos González desde 2019 entidades que operan en México como BBVA, Banamex, Banorte y Santander ya tienen lista la tecnología para hacer *smart contracts,* a través de documentos que ocupen protocolos IT de Blockchain para respaldar que las operaciones fueron validadas en una red distribuida y descentralizada,[73] cabe señalar que ese mismo año, el Banco de México emitió actualizaciones para que las empresas de Tecnología Financiera que realizan operaciones con activos virtuales como lo son las criptomonedas basadas en Blockchain pudieran ser utilizadas bajo autorización del Banco de México.

Sin embargo no existe regulación en cuanto a contratos inteligentes; cabe mencionar que México es pionero en legislar a las Instituciones de Tecnología Financiera, sin embargo, son legislaciones recientes que conforme se vayan denotando sus necesidades, se irán

---

73 Cfr. Ochoa, Maricela (2019): "¿Hacia dónde va el blockchain financiero en México?"; México, IT Master, p. 1.

incorporando este tipo de vías electrónicas de realizar transacciones financieras, ya que, a pesar de existir seguridad en base a la cadena de bloqueo, siguen representando un riesgo en materia de Lavado de Dinero.

La encuesta global de Blockchain realizada por la firma Deloitte en 2018 señala que 48% de los participantes mexicanos afirmó que sus organizaciones ya han considerado el uso o han comenzado a utilizar soluciones con tecnología de Blockchain, mientras que el 84% de los participantes globales consideró que las soluciones basadas en Blockchain son más seguras que las creadas con IT convencional, asegurando que la regulación es la principal barrera para que las organizaciones inviertan en soluciones con esta tecnología;[74] sin embargo, en personal consideración, la normatividad se vuelve importante y necesaria frente a los escenarios de blanqueo de capitales que se viven en el mundo, y en particular en México.

México no es ajeno a la normatividad en materia de comercio y transacciones electrónicas, como ejemplo principal está la Ley que regula a las Instituciones de Tecnología Financiera, mejor conocida como Ley Fintech, misma que es pionera en el continente y que representa un gran avance en materia jurídica para regular las operaciones electrónicas, cuyas acciones se realizan principalmente a través de intermediarios, reconocidos como instituciones de tecnología financiera, personas morales autorizadas por la CNBV destinadas a poner en contacto a sujetos del público en general con el financiamiento colectivo de deuda, de capital o de copropiedad o regalías, realizadas de manera habitual y profesional a través de aplicaciones informáticas, interfaces, páginas de internet o cualquier otro medio de comunicación electrónica o digital.

De manera que ya se tienen las bases jurídicas que regulan las transacciones virtuales, para prevenir actos ilícitos como el propio Lavado de Dinero, sin embargo, ahora surgen estos denominados "Contratos Inteligentes", en donde desplazan a los intermediarios que son las

---

[74] Cfr. Breaking Blockchain Open: Deloittes 2018 Global Blockchain Survey (2018); Deloitte <https://www2.deloitte.com/content/dam/Deloitte/cz/Documents/financial-services/cz-2018-deloitte-global-blockchain-survey.pdf>

Instituciones de Tecnología Financiera que ya están reguladas, para poder efectuar operaciones de manera más directa, bajo el supuesto de ventajas como la discrecionalidad, rapidez y evitar comisiones.

Por otro lado, como ya se ha expuesto, para crear contratos inteligentes, se requeriría de personal capacitado en programación y conocimientos en Derecho, de manera que en este momento nace sin duda la inquietud de entender: ¿Por qué si ya existen empresas que se dedican a crear toda una infraestructura que integre la programación y el aspecto legal de los contratos (Instituciones de Tecnología Financiera), por qué se crea una nueva forma que evite estas grandes infraestructuras, que una vez que ya están reguladas, dan mayor seguridad jurídica al usuario?

Como se anticipó en apartados previos, la "inversión privada" manifestó su inconformidad de la regulación de estas Fintech, anticipando que ésta pareciera ser la primer barrera para seguir invirtiendo en estas infraestructuras, sin embargo, todo acto de comercio y transacción de activos, debe ser regulada, no se puede tener una orientación de la filosofía digital, una filosofía de "libertad o democratización" de operaciones financieras, simple y sencillamente porque las características propias de los contratos inteligentes demuestran una vía por la que se puede generar un blanqueo de capitales.

Situación que es perjudicial para México, ya que su posición en este delito ha sido expuesto de manera internacional una y otra vez, si a estos contratos inteligentes, se le suma la facilidad para crear empresas a través de la figura de la Sociedad Anónima Simplificada, en donde una sola persona puede crear una empresa en un solo día, pues se habla de que, el mundo virtual le está dando al grupo delictivo la infraestructura perfecta para dar mayor opacidad a sus operaciones.

No se puede evadir el esfuerzo que México está llevando a cabo para la elaboración de estrategias ciber seguridad, que desde un enfoque multistakeholder busca garantizar el empleo de las TIC desde un enfoque libre, seguro, confiable y resiliente, además de querer impulsar la innovación y estimular la economía del país mediante estos medios virtuales.

Sin embargo se debe brindar seguridad y certeza jurídica como una palanca para que la innovación y el crecimiento económico puedan coexistir, esto implica la colaboración de los actores por mantener la seguridad y la certeza jurídica, puesto que la programación es un lenguaje que no cualquiera practica, y que evidentemente perjudica a la certeza de uno o ambos individuos que participan en la creación de contratos inteligentes, por lo que nace un vicio en el consentimiento, situación que las Fintech se han encargado por detallar y aclarar a través de sus normas, políticas y contratos para el uso y manejo de sus plataformas que están reguladas por la Legislación Mexicana, por lo que el sector privado debe cumplir con el creciente número de regulaciones que el Gobierno Federal solicita para mantener su nivel de competitividad, mientras que evitan penalizaciones y procesos legales que dañen su salud financiera.

En el caso de los contratos inteligentes, nacen nuevos enfoques legales, ya que se debe regularizar los defectos en la codificación, fincando responsabilidades legales a los programadores de dichos contratos, o la necesidad de garantizar que exista una validez y ejecutividad legal dentro del sistema nacional, así como un cumplimiento de requisitos que son inexcusables como lo son aquellos que corresponden a la materia fiscal. Considerando lo anterior, el derecho empresarial, debe estar atento de todos los aspectos legales relacionados con la incorporación de estas nuevas metodologías, estableciendo infraestructuras que respondan a las necesidades actuales de fiscalización por lo que ha de adecuarse para incorporar los temas que señala el derecho informático y adaptarlo a sus necesidades empresariales.

Como consecuencia, se deben establecer regulaciones que brinden certeza jurídica para los denominados contratos inteligentes, ya que su incorporación en las actividades financieras en México es inevitable, al igual que todo lo que corresponde a la materia electrónica, y sobre todo porque no sólo se refieren a los típicos acuerdos comerciales entre partes y a las clásicas figuras como el préstamo financiero o los seguros, sino que también aborda la automatización de operaciones de compra venta de activos virtuales, por lo que corresponde al legislador, sumar este tipo de actos jurídicos a la propia Ley Fintech, para evitar que se produzcan actos ilícitos a través de ellos.

Capítulo VI
DISEÑO DE UN DEPARTAMENTO QUE PREVENGA DELITOS FINANCIEROS EN LA PERSONA JURÍDICA

6.1. LA COOPERACIÓN RECÍPROCA ENTRE LA EMPRESA Y LA AUTORIDAD TRIBUTARIA

Sin lugar a dudas, la autoridad tributaria ha emprendido una serie de acciones para endurecer la fiscalización de operaciones empresariales. Uno de los casos relevantes es la consagración del artículo 69-Bis del CFF, donde el SAT tiene la facultad de presumir que una persona jurídica está llevando a cabo operaciones simuladas, y será tarea de esta última probar lo contrario; de lo contrario, se emprenderán todas las acciones tributarias y penales correspondientes.

Además, se ha impulsado la digitalización de la contabilidad, la implementación del buzón tributario, las auditorías electrónicas y la Comprobación Fiscal Digital por Internet, lo que ha sido objeto de críticas debido a la dificultad que puede tener su comprensión para quienes no son expertos en materia contable o fiscal, lo cual afecta el principio de certeza jurídica mediante el Anexo-20, considerado como el conjunto de instrucciones que responden a las categorías de opciones denominadas catálogos para emitir un CFDI versión 4.

Estas acciones reflejan la orientación del SAT hacia un mayor control y transparencia en las operaciones fiscales. Un ejemplo reciente es la incorporación del Título Sexto, De la revelación de esquemas reportables, cuyo objetivo es que el asesor fiscal o cualquier persona física o moral que realice actividades de asesoría fiscal y esté involucrada en el diseño, comercialización, organización, implementación o administración de esquemas reportables, notifique a la autoridad tributaria cualquier estrategia contable-fiscal que tenga el objetivo de aminorar la carga fiscal del contribuyente.

Esta situación ha sido una tarea pendiente desde administraciones pasadas, ya que México se encuentra por debajo de la media de países de la OCDE en materia de recaudación tributaria. A pesar de que existen medios para amparar a las empresas frente a posibles actos arbitrarios por parte de la autoridad, la realidad es que los contribuyentes deben cumplir con sus obligaciones tributarias para evitar consecuencias fiscales y penales, especialmente las personas jurídicas, dado que se ha incorporado la responsabilidad penal para estas figuras en los diferentes códigos penales mexicanos.

6.2. PLANIFICACIÓN PREVIA A LA IMPLEMENTACIÓN DE UN DEPARTAMENTO DE CUMPLIMIENTO TRIBUTARIO

Es momento de analizar los elementos a considerar de manera anticipada para la implementación del departamento de cumplimiento fiscal, cuyo objetivo es prevenir delitos de defraudación fiscal y blanqueo de capitales. Los siguientes factores son resultado de la investigación documental recabada en capítulos anteriores y forman parte de las bases para establecer un departamento de cumplimiento tributario:

a) Costo de cumplimiento

El sistema de gestión de recursos financieros y materiales, también conocido como costo de cumplimiento, es solicitado por la autoridad con el supuesto de que si no representa un gasto para una persona jurídica implementar un departamento de cumplimiento, podría considerarse como una mera formalidad, lo que no supone un costo para el empresario puede resultar poco realista para la autoridad. La Guía del Departamento de Justicia de Estados Unidos sobre Compliance de las empresas señala que los fiscales deben evaluar este costo de cumplimiento al revisar y ponderar "qué esfuerzos ha realizado la empresa para supervisar e implementar políticas y procedimientos que reflejen y traten el espectro de riesgos penales" (Departamento de Justicia, 2019).

Un ejemplo de lo que puede considerarse como costo de cumplimiento y prevención son los programas de capacitación, que ahora deberán incluir aspectos relacionados con la responsabilidad en la que puede incurrir la persona jurídica en el servicio específico que presten, y en base a ello, se formulan los programas de cumplimiento respectivos. Entre los principales recursos materiales que podrían considerarse se encuentran: edificio, espacios de trabajo, hardware y software, mobiliario, entre otros.

La administración de recursos financieros en materia de cumplimiento normativo supone un control presupuestal y requiere llevar a cabo la función de tesorería para evitar fallos y aplicar correcciones oportunamente. Corresponde al área financiera realizar los registros contables necesarios, que deben corresponder al presupuesto y efectuarse por unidad organizacional. No obstante, cabe señalar que aún no existen normas de información financiera que indiquen cómo registrar este costo de cumplimiento, lo que lo convierte en una tarea complicada.

Así pues, bajo la filosofía de gestión y control contable, se busca obtener las mejores condiciones de costo y recursos financieros para cada unidad orgánica de la empresa, con el propósito de ejecutar las tareas, aumentar la eficiencia en las operaciones y satisfacer los intereses de quienes reciben los bienes o servicios. En cuanto a la responsabilidad de la empresa, se deben contemplar los costos de incumplimiento, lo que en definitiva actúa como un incentivo para llevar a cabo las diferentes inversiones que el programa de cumplimiento contemple.

b) Autonomía del departamento encargado del cumplimiento empresarial

El ISO 19600 marca dos principios fundamentales en los que se debe regir el compliance corporativo:

- La independencia, y
- La autonomía.

Mientras mayor sea el grado de independencia y autonomía, más eficaz será la función y el sistema de vigilancia emprendido por el programa de cumplimiento; en consecuencia, el órgano de cumplimiento debe ser considerado como parte de la alta dirección, con un alto grado de autonomía e independencia. Para lograr esto, es crucial ubicar al órgano de cumplimiento en los niveles superiores de la estructura jerárquica de la empresa, asegurando una comunicación directa con los consejos de administración e incluso con la asamblea de accionistas.

Sin duda, el oficial de cumplimiento debe tener la capacidad de impulsar investigaciones internas y tener acceso directo a los órganos de dirección y administración de la empresa, incluso a los socios. De esta manera, se le dota de suficiente autonomía en caso de que las denuncias se refieran a irregularidades cometidas en la alta dirección. Esta independencia garantiza que el programa de cumplimiento tenga el respaldo necesario para llevar a cabo su labor de manera efectiva y sin interferencias. Aparicio y Requena señalan que deberá conocerse la autonomía y recursos de compliance officer y su implicación en la estructura organizativa y de toma de decisiones, ya que su posición en la empresa habrá de tenerse en cuenta a fin de valorar su grado de independencia y autonomía, frente a la propia Dirección General o Administración. En empresas de tamaño considerable, se acude al modelo de las tres líneas de defensa,[75] para acreditar las mejores prácticas en la gestión de riesgos.[76]

Este principio de independencia profesional se configura en materia jurídica como uno de los bienes materiales de que es titular el contador, auditor forense, administrador, criminólogo, o aquel que tenga la función de asegurar el cumplimiento normativo de la persona jurídica, entre menor sea la injerencia, interferencia, vínculos o presiones, menor se darán resultados influenciados, desviados o distorsionados por parte del profesional para la consecución de sus objetivos, situación que incluso puede llegar a caer en la ilicitud, dado que el perfil de experto conocedor le permite ser responsable del debido control

---

75 En el modelo de las TRES LÍNEAS DE DEFENSA, el control de la gerencia es la primera línea de defensa en la gestión de riesgos; las varias funciones de supervisión de riesgos, controles y cumplimiento establecidas por la administración son la segunda línea de defensa; y el aseguramiento independiente es la tercera.

76 Aparicio, Néstor y Requena, Carlos. 2020. La cultura de cumplimiento como elemento de tipo penal. México. Editorial Research Gate, p. 14

institucional, cuya omisión puede llegar a constituir un delito y una responsabilidad jurídica para la empresa.

Sin embargo, es necesario señalar que tanto la financiación del programa de cumplimiento y la propia retribución del responsable, al y al cabo, dependen de la cúpula directiva, lo que fomenta que se agriete el principio de independencia, y aflora un evidente conflicto de intereses.

c) Capacitación del personal en materia de cumplimiento normativo

La formación de la plantilla laboral en materia de cumplimiento es fundamental para el correcto desarrollo de la actividad empresarial. De nada sirve tener una estructura de políticas internas si los trabajadores desconocen su existencia o cómo denunciar delitos que ya han ocurrido o están por ocurrir. La prevención de delitos de grado federal, como el Lavado de Dinero y el Financiamiento al Terrorismo, es un objetivo destacado en los programas de cumplimiento, y evitar o minimizar el riesgo de sanciones por infracciones cometidas por los trabajadores es clave para el oficial de cumplimiento.

La formación de los trabajadores, directivos y administradores es una herramienta esencial para prevenir y erradicar los riesgos penales en las organizaciones, evitando graves consecuencias jurídicas. No se trata solo de informar a los subordinados, sino de implementar un modelo de prevención en la empresa que incluya:

- La promoción de la cultura de cumplimiento.
- La explicación de la responsabilidad penal de la persona jurídica.
- Los manuales y programas normativos para enfrentar los riesgos empresariales.
- Los medios de prevención y control.
- Los principios éticos que sustentan el plan.
- Las vías de comunicación para denuncias.
- La identificación del oficial de cumplimiento como miembro de la alta dirección.

La formación en materia de cumplimiento puede ser comprendida en diferentes niveles:

1. Nivel básico: Promoción de la cultura de cumplimiento y explicación de la responsabilidad penal de la persona jurídica, así como de los manuales y programas normativos.
2. Nivel medio: Dirigido a jefes de departamento y personal con responsabilidad de gestión, con el objetivo de sensibilizar sobre comportamiento y construcción de delitos, y analizar la aplicación de los controles en materia de prevención.
3. Nivel avanzado: Dirigido al órgano de administración de la persona jurídica, para conocer las responsabilidades del administrador en diversas materias y el triángulo de responsabilidad de la persona jurídica.

Es importante personalizar la formación para cada persona jurídica, adecuándola a los puestos de trabajo, los riesgos de la industria y las funciones de cada departamento. El oficial de cumplimiento tiene la responsabilidad de proveer o coordinar capacitación continua en materia de cumplimiento normativo y brindar soporte en caso de dudas sobre cómo proceder o si cierta conducta constituye una infracción. Debe dejarse evidencia de la formación recibida por los miembros de la empresa para garantizar su efectividad.

d) Canal de denuncias (whistleblowing)

El canal de denuncias anónimas es un medio a través del cual la persona jurídica puede conocer, a través de las personas que tienen relación con ella, los riesgos potenciales en materia jurídica que puedan estar ocurriendo dentro de la organización. Esto es especialmente relevante para evitar incurrir en los supuestos del primer párrafo del artículo 421 del CNPP. La limitación en la supervisión de las operaciones de una empresa se vuelve más difícil a medida que aumenta el número de empleados, lo que puede afectar la observancia de los valores éticos y morales establecidos en las políticas internas y el cumplimiento de las leyes aplicables. Un canal de información anónima resuelve el tema de conspiraciones, maquinaciones y confabulaciones que pongan en riesgo la integridad de la propia empresa.

El canal de denuncias es uno de los métodos más efectivos para resolver y descubrir fraudes societarios, actos de corrupción, malas prácticas y actos faltos de ética, Implica revelar un hecho ilegal o contrario a la normativa interna de la empresa de buena fe, con el propósito de actuar correctamente. Esto comprende actos de delación realizados por sujetos que están o han estado vinculados con la organización, ya sea administrativa o empresarial, en la que se ha cometido una conducta ilícita.

El sistema de comunicación interna para el canal de denuncias debe contar con el respaldo de la alta dirección de la empresa para garantizar seriedad y obligatoriedad en el manejo de los protocolos. La divulgación de su existencia es esencial para que los empleados estén informados. Los canales de comunicación deben incluirse en el contrato de trabajo, sistemas computacionales internos de la empresa, modelos de contrato con proveedores, clientes y colaboradores externos, y en la página institucional de la empresa para que puedan ser utilizados por todas las personas vinculadas a las operaciones de la persona jurídica. También se deben establecer procedimientos para hacer llegar las irregularidades al órgano de cumplimiento.

Para una debida gestión del canal de denuncias, es necesario contar con una entrada única, como un correo electrónico o un buzón físico. Es importante desarrollar diversos mecanismos o vías de comunicación para que el denunciante pueda seleccionar la que mejor le convenga.

Los protocolos y medidas del canal de denuncias interna deben cumplir con las obligaciones señaladas por las regulaciones en materia de protección de datos y garantizar que no habrá represalias para el denunciante. Es recomendable especificar en la regulación que, en caso de que la persona que denuncia esté relacionada con los hechos, se presentarán atenuantes por confesión anterior al descubrimiento del delito, lo que disminuirá los efectos de la denuncia.

La calidad de los canales de comunicación en materia de denuncias es prioritaria, ya que promueve su efectividad y logra que se cumplan sus objetivos. La comunicación directa y personal es deseable siempre que sea posible, ya que favorece el conocimiento mutuo, pero al no garantizar el anonimato, es necesario ofrecer otros canales para proteger a los denunciantes. Algunas opciones son el correo electrónico, formularios en línea en la página institucional y buzones físicos. El Compliance Officer es responsable de abrir un expediente para cada denuncia, adoptar decisiones respecto a cada caso y velar por el respeto de los derechos de todas las partes involucradas.

e) Áreas de investigación interna

Raguéz señala que en términos de efectividad una investigación interna previa de los hechos puede ser más ágil y aportar resultados más esclarecedores y por tanto más efectiva que si se espera a la actuación de funcionarios públicos, la denuncia inmediata a las autoridades es exigible en los supuestos en los que estén en riesgo importantes intereses de terceros, o cuando sea imprescindible y urgente la práctica de diligencias restrictivas de derechos fundamentales, o la adopción de medidas cautelares.[77]

Debido a sus funciones, la empresa está obligada a acreditar la formación de las personas que desarrollen las investigaciones internas, la ausencia de conflictos de interés y su capacidad, así como la respuesta proporcional y contundente a hechos de especial gravedad, variando en función de cada caso, el propósito principal de la investigación empresarial es conocer la naturaleza y extensión de conductas incorrectas que acaecen dentro del colectivo, situación que permiten penetrar en la intrincada estructura empresarial, además de coadyuvar a esclarecer conductas sospechosas de manera eficiente.

El procedimiento debe respetar los derechos fundamentales de las partes involucradas, ya que si se llegare a vulnerar ésta, puede resultar en la nulidad procesal de las pruebas obtenidas, por lo que es fundamental el respeto a las limitaciones señaladas por el derecho laboral a tales actuaciones indagatorias; por ello, las funciones del área las determina el oficial de cumplimiento en conjunto con los responsables de la investigación, que anticipándonos al perfil de sus miembros, debe contar con un perfil de contador público con especialidad en auditoría, forense, criminalista, o similar, en conjunto también con

---

77 Raguéz I. Vallés, R. 2013. Los procedimientos internos de denuncia como medida de prevención de delitos en la empresaBarcelona, España, Editorial Atelier, p. 161.

la parte administrativa, los diferentes órganos de control interno y la asamblea de accionistas o de socios.

6.3. EL PERFIL PROFESIONAL DEL OFICIAL DE CUMPLIMIENTO

El Oficial de Cumplimiento desempeña un papel fundamental en la implementación y operación del programa de cumplimiento. Como resultado, debe tener la capacidad para trabajar bajo presión, desarrollar habilidades multitarea, poseer una mentalidad analítica y facilidad de comunicación, ya que mantendrá una estrecha relación con los actores internos y externos de la organización. Además, debe saber trabajar y manejar equipos, demostrando su capacidad de liderazgo, diagnóstico, toma de decisiones e implementación y seguimiento de proyectos.

Por lo tanto, es crucial que cuente con información actualizada, precisa, detallada y oportuna, herramientas de detección y la colaboración en tiempo y forma de las diferentes áreas comerciales y operativas, especialmente aquellas relacionadas con el manejo de relaciones públicas y financieras, ya que estas son las áreas más comunes donde se observan actos de corrupción y favoritismo en contrataciones. En consecuencia, el plan de estudios ideal para la formación del Oficial de Cumplimiento, o de cualquier persona que quiera dedicarse profesionalmente al cumplimiento normativo, sería una mezcla de criminología con conocimientos de auditoría y administración empresarial.

La función y actividades del órgano de cumplimiento conllevan una gran responsabilidad legal, tributaria, mercantil y de lealtad. Es deseable que los contadores públicos, con especialidades en criminología, auditoría forense o cualquier especialidad que cuente con una disciplina fiscalizadora, accedan a este puesto, ya que por las características de la profesión, son idóneos para desempeñar las actividades propias del departamento de cumplimiento.

El contador público tiene la capacidad para actuar en el marco de las leyes vigentes e incluso proponer modificaciones, según el Instituto Mexicano de Contadores Públicos. No existe nadie mejor preparado para impulsar el orden, la transparencia, la veracidad y la institucionalización de las empresas que el Contador Público, ya que no solo brinda y sustenta los sistemas de información base para la toma de decisiones, sino que también participa en estas con una interpretación bien fundamentada y analizada. Probablemente no exista una carrera profesional cuyo contenido se enfoque más en el conocimiento profundo de los negocios, lo que permite que el Contador Público agregue valor a la empresa.

El contador tiene la capacidad para asumir la importante responsabilidad de auditar al director de una organización. La función de oficial de cumplimiento no es tarea fácil, ya que se requiere de muchas habilidades, sobre todo trabajo en equipo sin parecer un agente auditor, saber escuchar a otros, especialmente a la parte administrativa de la empresa, y defender posturas e ideas. Estas son habilidades que un Contador Público posee en gran medida, ya que son especialistas en la rama de las finanzas, conciliadores y pueden tomar decisiones contundentes y asertivas de acuerdo con la información ofrecida por otras áreas.

El Instituto Mexicano de Contadores Públicos menciona que la función propia de vigilancia se ha cumplido de derecho y no de hecho, es decir, no se ejercen las facultades, no se cumplen con las obligaciones y, en muchos casos, no se emite el dictamen correspondiente. Para cumplir con la ley, mínimo debe realizarse una auditoría de estados financieros.[78] El oficial de cumplimiento es el encargado de recibir todo tipo de denuncias, no solo de los accionistas, sino de toda la plantilla laboral, respecto de los hechos que consideren como irregulares en la administración y operación continua de la empresa. Por ende, está obligado a tomar medidas necesarias ante cualquier denuncia.

Al ser un contador público el mejor encaminado a la posición de oficial de cumplimiento, entiende lo que establece el artículo 388 del Código Penal Federal sobre el delito de fraude. Dice a la letra:

Artículo 388. Al que por cualquier motivo teniendo a su cargo la administración o el cuidado de bienes ajenos, con ánimo de lucro perjudique al titular de éstos, alterando las cuentas o condiciones de

---

78 Lozano Ulloa, Horacio. 2013. El Contador Público en su Carácter de Comisario. México. Editorial Instituto Mexicano de Contadores Públicos.

los contratos, haciendo aparecer operaciones o gastos inexistentes o exagerando los reales, ocultando o reteniendo valores o empleándolos indebidamente, o a sabiendas realice operaciones perjudiciales al patrimonio del titular en beneficio propio o de un tercero, se le impondrán las penas previstas para el delito de fraude.

De manera que el propio contador, como oficial de cumplimiento, incurre en responsabilidades penales como la figura del fraude, por lo que tiene la obligación de reportar a la asamblea general sobre malas gestiones tributarias, delitos de defraudación fiscal, falta de pago de algún tributo, además de los delitos de divulgación de información confidencial o secreta, entre otros. Todo esto se concentra en las funciones propias del departamento de cumplimiento, sobre los cuáles abordará el siguiente inciso.

6.4. DISEÑO E IMPLEMENTACIÓN DE UN DEPARTAMENTO QUE PREVENGA DELITOS DE DEFRAUDACIÓN FISCAL Y LAVADO DE DINERO EN LA EMPRESA

Es importante comenzar este último inciso señalando que aún no existe regulación o una Norma Oficial Mexicana que determine un procedimiento oficial en materia de diseño e implementación de un departamento de cumplimiento encargado de la observancia del debido control de las operaciones de la empresa, con el objetivo de prevenir la comisión de delitos de defraudación fiscal y blanqueo de capitales a su nombre, por su cuenta o en su beneficio, o a través de los medios que ellas proporcionen. Estos delitos sí se encuentran regulados y severamente sancionados por las legislaciones en materia tributaria y penal.

Como consecuencia de lo anterior, una de las bondades o ventajas de su implementación es la flexibilidad para poder implementar de manera paulatina cada uno de sus elementos e incluso incorporar de manera progresiva observancia en otras materias, como pueden ser el cumplimiento en materia laboral, operativa, penal y en general de buena gobernanza. En consecuencia, la propuesta de este estudio es un departamento de cumplimiento en materia de contabilidad y cumplimiento fiscal.

El departamento de Cumplimiento Contable Fiscal estará diseñado para dar cumplimiento a las obligaciones legales y tributarias, velando por responder de manera adecuada a las obligaciones tributarias mediante la confección, presentación y seguimiento de las normas tributarias frente a las autoridades tributarias correspondientes, tanto periódicas como extraordinarias. Estará ubicado en la estructura organizativa como un departamento gerencial trabajando directamente con la Gerencia de Finanzas y Contabilidad, con el objetivo de tener una comunicación y coordinación continua que coadyuve con las funciones del departamento. Estas funciones engloban:

- Desarrollar, iniciar, mantener y revisar políticas y procedimientos para la operación general de un Programa de Cumplimiento Contable Fiscal y sus actividades relacionadas encaminadas a prevenir conductas ilegales, antiéticas o impropias.
- Manejar el día a día de las operaciones del programa anteriormente citado.
- Desarrollar y periódicamente revisar y actualizar los estándares de conducta para resaltar su constante aplicación y relevancia al constituir una guía de conducta para la gerencia y el resto de los empleados.
- Colaborar con otros departamentos para canalizar los asuntos de cumplimiento contable a los canales adecuados para investigarlos y posteriormente resolverlos.
- Consultar al abogado corporativo, si es necesario, para resolver asuntos delicados en materia de cumplimiento fiscal.
- Responder supuestas violaciones a leyes, reglamentos, políticas, procedimientos y estándares fiscales nacionales e internacionales, para analizar si es necesario la iniciación de procedimientos de investigación.
- Desarrollar y vigilar un sistema uniforme de manejo de dichas violaciones.
- Actuar como un ente independiente evaluador que asegure que los asuntos o preocupaciones de cumplimiento dentro de una

organización están siendo apropiadamente evaluados, investigados y resueltos.

- Monitorear, y si es necesario, coordinar actividades de cumplimiento de otros departamentos para que actúen conjuntamente con el objeto de lograr el cumplimiento contable fiscal y homologuen prácticas.
- Identificar áreas potenciales de cumplimiento de vulnerabilidad y riesgo en materia contable y fiscal que pudieran desencadenar actos de defraudación tributaria o blanqueo de capitales.
- Desarrollar e implementar planes de acción correctivos para resolver asuntos problemáticos y proveer una guía general de cómo evitar o atender situaciones similares en el futuro.
- Proporcionar reportes de manera regular y, según se requiera, mantener informados a los consejos de administración sobre la operación y avance de los esfuerzos de cumplimiento contable fiscal.
- Asegurarse de reportar apropiadamente sobre violaciones, actuales o potenciales, para facultar debidamente su observancia a las agencias apropiadas según se requiera.
- Establecer, dirigir y atender una línea de comunicación que favorezca las acciones de control y cumplimiento contable fiscal.
- Instituir y mantener un programa efectivo de comunicación del cumplimiento para la organización, incluyendo la promoción del uso de la línea de cumplimiento, así como darle prioridad y peso al conocimiento de estándares de conducta; y el entendimiento de los temas de cumplimiento, políticas y procedimientos.
- Monitorear el desempeño de los programas de cumplimiento y actividades relacionadas, de una manera constante y permanente, adoptando las medidas que sean necesarias para mejorar su efectividad.

Haciendo especial énfasis en la observancia correspondiente a prevenir los actos de prevención de lavado de dinero (PLD) y defraudación fiscal, a través de lo siguiente:

a) Debida diligencia de los clientes: Se deben evitar cuentas anónimas o con nombres evidentemente ficticios, para esto, el departamento debe emprender acciones de debida diligencia del cliente, atendiendo a las operaciones comerciales que sobrepasen el umbral aplicable por la norma, observando también las transferencias electrónicas inusuales.

b) Mantenimiento de registros. Los documentos propios de la debida diligencia de los clientes como registros de documentos oficiales de identificación, pasaportes, tarjetas de identidad, licencias de conducción o cualquier tipo de documentación que respalde su identidad, así como también expedientes de cuentas y correspondencias de tipo comercial, respetando siempre las leyes en materia de protección de datos.

c) Especial atención a clientes y socios comerciales procedentes de países con mayor riesgo. Se deben aplicar medidas de debida diligencia en las relaciones comerciales y transacciones con personas naturales y jurídicas, e instituciones financieras que procedan de países para los cuales el Grupo de Acción Financiera Internacional (GAFI) hace un llamado.

d) Reporte de operaciones sospechosas. Diseñar a implementar un sistema de comunicación de operaciones relevantes o preocupantes sospechosas dentro de la organización, consideradas como aquellas conductas o comportamientos de directivos u operativos de la empresa o socios comerciales que puedan contravenir o vulnerar las normas en materia tributaria y blanqueo de capitales.

El oficial de cumplimiento esta sujeto a los siguientes documentos:

Programa de Cumplimiento	Cumplimiento Normativo de Gobierno Corporativo
	Cumplimiento Normativo Transversal (Riesgos Laborales)
	Cumplimiento normativo Sectorial (PLD, Protección de Datos, etc.)
	Cumplimiento normativo ético y de valores
	Control de auditoría Interna
	Cumplimiento normativo en materia Penal.

Fuente: Elaboración propia.

Para lograrlo, los órganos máximos de la empresa deben reunirse para determinar el grado de intervención que pudiera tener el oficial de cumplimiento, diseñando un perfil de búsqueda en el que se dé prioridad a aquellos candidatos que tengan formación en Gestión empresarial, Criminología, Derecho empresarial, Contabilidad y Auditoría Forense. A partir de esto, se debe iniciar la búsqueda de la persona idónea que liderará el diseño de las herramientas necesarias para lograr un debido control interno y encabezará el órgano de control permanente, asegurando así la disminución de la carga penal en caso de ser sujeto a los supuestos del artículo 421 del CNPP. La selección del Oficial de Cumplimiento es vital y es una pieza angular para la efectividad del programa que este diseñe.

Como consecuencia, es de suma importancia que la persona jurídica brinde el suficiente apoyo y las herramientas necesarias para el buen desarrollo de sus funciones. Entre las cuales sobresalen los canales de denuncia, áreas de investigación interna, sistemas de gestión de recursos, autonomía del departamento y medios para la capacitación del personal.

La propuesta de departamento se enfoca en la prevención y detección del fraude financiero. Por ello, generalmente los resultados del trabajo del oficial a cargo del mismo son puestos a consideración de la justicia, que se encargará de analizar, juzgar y sentenciar los delitos cometidos. De este modo, cualquier labor enfocada en la prevención y detección del fraude financiero refleja un proceso de fiscalización que tiende al control e investigación aplicado a cierta información, ya sea financiera, contable, legal, administrativa e impositiva, presentada en una forma que sea aceptada por una autoridad, contra perpetradores de crímenes económicos o delitos como la corrupción, el fraude contable, el delito en seguros, el lavado de dinero, entre otros.

Este proceso se desarrolla a través de técnicas de investigación criminalística, integradas con la contabilidad, conocimiento jurídico procesal y razonamiento financiero, para poder desahogar información y dictaminar opiniones ante la justicia. Su campo de acción se encuentra constituido por un equipo multidisciplinario, que incluye contadores, abogados, administradores, grafólogos, ingenieros informáticos y expertos en investigación de diferentes fuerzas de seguridad, entre otras áreas de especialización dependiendo de la investigación que se esté llevando a cabo. Todo esto determina las técnicas y materias de trabajo a aplicar.

Cualquier empresa que desee implementar, diseñar y mantener un departamento de cumplimiento contable fiscal debe comenzar considerando la complejidad de las normas tributarias y del Sistema Financiero Mexicano en su conjunto, así como los diferentes mecanismos de apoyo en materia de competitividad que puedan surgir tanto del interior como del exterior de la empresa.

6.5. DE LA FILOSOFÍA JURÍDICA DE LA LEY PARA REGULAR LAS INSTITUCIONES DE TECNOLOGÍA FINANCIERA

Desde el inicio de la investigación se marcó la tendencia de las diferentes industrias por incluir tecnología en sus modelos de operación, entre los principales objetivos de esta acción se encuentra la reducción de costos, simplificación de acciones, inclusión de nuevos clientes a la industria, comodidad del consumidor, de manera que la innovación tecnológica en los modelos de negocios resulta ser un reflejo natural y deseable de los valores de una sociedad tecnológicamente progresiva.

La capacidad de una empresa para alcanzar la excelencia operativa a lo largo de múltiples capacidades competitivas, tales como costo, calidad, entrega y flexibilidad es considerada como una fuente de ventaja competitiva, el establecimiento de regímenes comerciales globales evidentemente abiertos, refleja la necesidad de los clientes por una mayor cartera de oportunidades, encontrando expresión y alternativas de suministro más transparentes.

Como consecuencia, las industrias se deben centrar aún más en el cliente, ya no solo en la calidad del producto y la forma en que cubren una necesidad básica en éste, sino ahora deben posicionarse, no en la mente del consumidor, sino en una posición virtual de ventaja, exponiendo los beneficios de su producto a través de medios virtuales a los cuáles el mercado se encuentra bombardeado día a día.

El modelo de negocios representa el contenido, la estructura y al gobernabilidad de las transacciones diseñadas con el fin de crear valor a través de la explotación de oportunidades de negocio. La industria del financiamiento encontró no solo un modelo de negocios gracias a las tecnologías de la información y comunicación, como ya se ha analizado, existe el modelo del crowdfunding, de los préstamos en línea, de los pagos en línea, de las criptomonedas, y de todas aquellas innovaciones en base a modelos de financiamiento tecnológico que surgen día con día.

A partir de que surge el comercio electrónico se da una explosión en materia de transacciones a través del internet, si tomamos en cuenta que éste surgió en 1991, cuando internet se abrió para su uso comercial, entonces estamos hablando de un avance de treinta años, en donde surge el financiamiento colectivo, los préstamos en línea, ya sea de persona a persona (P2P), de empresas a persona (B2P) o de empresas a empresas (B2B), sin embargo, además del crowdfunding, surge un modelo de tecnología financiera que se rodeó de incertidumbre, malas prácticas, volatilidad y de una gran fama: La criptomoneda, siendo ésta una de las razones principales para regular a las nuevas instituciones de tecnología financiera. Si se observa el siguiente esquema:

Objetivo de la Ley Fintech

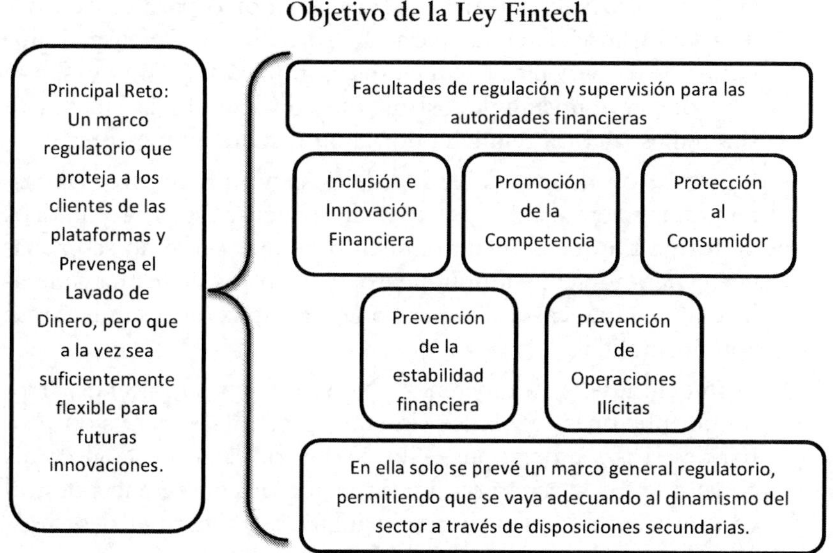

Fuente: Artículo 1 y 2 de la Ley para Regular las Instituciones de Tecnología Financiera.

El artículo primero de la Ley para regular las Instituciones de Tecnología Financiera establece el objetivo de la misma:

> *Artículo 1. La presente Ley es de orden público y observancia general en los Estados Unidos Mexicanos y tiene por objeto regular los servicios financieros que prestan las instituciones de tecnología financiera, así como su organización, operación y funcionamiento y los servicios financieros sujetos a alguna normatividad especial que sean ofrecidos o realizados por medios innovadores.*

De manera que busca regular la organización, operación, funcionamiento y los servicios financieros ofrecidos o realizados a través de los medios innovadores, el artículo segundo establece los principios bajo los que se crea la legislación que son:

1. Inclusión e innovación financiera. Es el acceso a productos financieros útiles y asequibles que satisfagan la necesidad de personas físicas y morales. La importancia de esta inclusión radica en el medio para mejorar el bienestar de la población a través del uso responsable de los productos y servicios financieros.
2. Protección al Consumidor. Esta ley confiere disposiciones jurídicas aplicables a la Comisión Nacional de Seguros y Fianzas, la Comisión Nacional del Sistema de Ahorro para el Retiro y a la Comisión Nacional para la Protección y Defensa de los Usuarios de Servicios Financieros, cumpliendo con el objetivo de proteger al mismo de Instituciones de Tecnología Financiera sin una estructura regulada por la autoridad competente.
3. Preservación de la Estabilidad del Sistema Financiero. Un sistema financiero estable es capaz de reducir riesgos sistemáticos de forma tal que el incumplimiento de un agente no se propague generando el incumplimiento de los otros de forma generalizada; en cuyo caso, se espera que sea capaz de ejecutar tareas con normalidad.
4. Promoción de la Competencia. No se debe permitir el desarrollo de funciones reguladas sin someterse a la supervisión propia de estos sectores, pues ello debilitaría la protección de los consumidores y generaría una situación de competencia desleal con respecto a intermediarios regulados, activaría el riesgo sistémico y podría afectar intereses generales. Es importante la regulación de las Fintech y analizar el caso de Paypal, ya que

si una de las empresa Fintech pionera y más grande encuentra una forma de evadir la regulación, las demás seguirán sus estrategias elusivas.

5. Prevención de Lavado de Dinero y Financiamiento al Terrorismo. el desarrollo de nuevas tecnologías es uno de los factores que facilitan la comisión de delitos, puesto que permite cada vez más, realizar operaciones de gran volumen con la rapidez requerida y a partir de registros contables o electrónicos, lo que contribuye en hacerlos vulnerables, en esta medida, de manera que las solicitudes para obtener las autorizaciones de la Comisión Nacional Bancaria y de Valores previstas en el capítulo primero del título tercero de la Ley Fintech debe ser acompañada de las políticas de prevención de fraudes y prevención de operaciones con recursos de procedencia ilícita y financiamiento al terrorismo, es por ello la importancia de la figura del oficial de cumplimiento, en donde recaerá la responsabilidad penal en caso de encontrárseles operaciones con recursos de procedencia ilícita, esto justifica la necesaria certificación del oficial de cumplimiento por parte de la misma CNBV.

Tanto el oficial de cumplimiento como el auditor o el tercero independiente responsable de la revisión anual de las políticas en materia de PLD/FT a las que obliga la Ley sobre las Fintech, deben obtener la certificación prevista en el artículo 4, fracción X de la Ley de la Comisión Nacional Bancaria y de Valores. Estos principios deben ser respetados por las Instituciones de Tecnología Financiera, que son los sujetos obligados por la Ley Fintech, respecto de su operación, así como las autoridades financieras al ejercer sus facultades.

6.6. LA LEY FINTECH COMO MEDIO DE PREVENCIÓN DEL LAVADO DE DINERO POR PARTE DE LAS INSTITUCIONES DE TECNOLOGÍA FINANCIERA

Es importante comenzar este último inciso señalando que aún no existe regulación o una Norma Oficial Mexicana que determine un procedimiento oficial en materia de diseño e implementación de un departamento de cumplimiento encargado de la observancia del debido control de las operaciones de la empresa, con el objetivo de prevenir la comisión de delitos de defraudación fiscal y blanqueo de capitales a su nombre, por su cuenta o en su beneficio, o a través de los medios que ellas proporcionen. Esto sí se encuentra regulado y severamente sancionado por las legislaciones en materia tributaria y penal.

Como consecuencia, es necesario aclarar que en casos como lo son las criptomonedas, su alcance se limita bastante, pues aunque se les regula y el Banco de México es quien determina los activos virtuales (criptomonedas) con los cuales solo podrán operar las ITF, el Banco de México se deslinda de responsabilidad a través del artículo 34 de la Ley Fintech. Dicho artículo establece que las ITF que operen con activos virtuales deben divulgar a sus clientes los riesgos que existen al celebrar operaciones con dichos activos, lo que incluye informar que no es una moneda de curso legal y que no está respaldada ni por el Gobierno Federal ni por el propio Banco de México, a pesar de que este último las determine.

Además, se les obliga a informar la imposibilidad de revertir las operaciones una vez ejecutadas, la volatilidad del valor del activo virtual y los riesgos tecnológicos, cibernéticos y de fraude inherentes a los activos virtuales. En consecuencia, se busca informar a los posibles inversionistas de activos virtuales sobre su inestabilidad; sin embargo, si el Banco de México limita las transacciones al determinar cuáles se pueden manejar y cuáles no, entonces también tiene responsabilidad en materia de la volatilidad del instrumento.

Es importante señalar esto porque tanto los activos virtuales como el financiamiento colectivo son las formas idóneas a través de las cuales se lava el dinero de procedencia ilícita. Estas formas son reguladas en el artículo 58 de la Ley Fintech, que obliga a estas entidades a establecer medidas y procedimientos para prevenir y detectar actos, omisiones u operaciones con recursos de procedencia ilícita.

Dichas medidas y procedimientos deben ser contenidos y desarrollados (por el oficial de cumplimiento) en un documento que deberá ser presentado a la CNBV, que podrá ordenar a las ITF hacerle modificaciones o adiciones pertinentes. En este documento se establece la metodología necesaria para evaluar los riesgos por los cuales pudieran ser utilizados para llevar a cabo actos, omisiones u operaciones de procedencia ilícita. Además, las ITF deben presentar a la SHCP, a través de la CNBV, reportes sobre:

1. Los actos, operaciones y servicios que realicen con sus clientes y las operaciones entre estos, según corresponda, relativos a la procedencia ilícita.
2. Todo acto, operación o servicio que realicen los miembros del consejo de administración, directivos, funcionarios, empleados, factores y apoderados, que pudiesen ubicarse en el supuesto de operaciones de procedencia ilícita, en su caso, pudiesen contravenir o vulnerar la integridad de las operaciones realizadas por las ITF.

Las Fintech deben referirse en sus reportes a operaciones que se definan por las disposiciones de carácter general como relevantes, internas preocupantes e inusuales, las relacionadas con transferencias internacionales y operaciones en efectivo realizadas en moneda extranjera. También deben respetar los lineamientos emitidos por la SHCP sobre el procedimiento y criterios, así como los casos, la forma, los términos y los plazos en que las ITF deberán observar respecto del adecuado conocimiento de sus clientes, para lo cual deberán considerar:

1. Antecedentes.
2. Condiciones específicas.
3. Actividad económica o profesional.
4. Las zonas geográficas en que operen.

Todo esto será necesario para poder celebrar operaciones y servicios que presten, logrando acreditar plenamente la identidad de sus clientes. Además, deben resguardar y garantizar la seguridad de la información y documentación relativas a la identificación de sus clientes reales o históricos. El artículo 58 también exige a las ITF proporcionar capacitación al interior de la empresa sobre la Prevención del Lavado de Dinero y Financiamiento al Terrorismo, e incluir sistemas automatizados que coadyuven al cumplimiento de las medidas y procedimientos en esta materia.

Finalmente, las Fintech deben establecer un comité de comunicación y control, así como designar un oficial de cumplimiento con funciones y obligaciones en materia de prevención de lavado de dinero y financiamiento al terrorismo. Se deben realizar revisiones de forma anual por parte del área de auditoría interna o bien por un tercero independiente sobre la efectividad del cumplimiento de las disposiciones en materia de PLD/FT, y conservar, por al menos diez años, esta información y documentación.

CONCLUSIONES

Los modelos innovadores, caracterizados por cambios tecnológicos, generan impactos significativos en los movimientos económicos y, como consecuencia, en el riesgo asociado a sus operaciones, así como en los delitos asociados. A pesar de que el Lavado de Dinero y el Financiamiento al Terrorismo siguen siendo ilícitos prioritarios en la prevención, también se hace foco en delitos como el fraude, la defraudación fiscal y la corrupción, los cuales complican el control y la prevención debido a la inclusión de nuevas tecnologías. Para abordar esto, es factible seguir los mecanismos y recomendaciones del Grupo de Acción Financiera Internacional (GAFI), que enfatiza la transparencia en las transacciones.

En materia de prevención delictiva, destaca el artículo 58 de la Ley Fintech, el cual extiende su guía a las Disposiciones de Carácter General, estableciendo una serie de mecanismos centrados en un Manual de Cumplimiento, enfoque basado en riesgos, capacitación y difusión de los mecanismos de prevención delictiva, el Comité de Comunicación y Control y el Oficial de Cumplimiento. Además, se mencionan los reportes de operaciones relevantes, inusuales e internas preocupantes, así como la debida diligencia del cliente. Estos mecanismos buscan prevenir la generación de beneficios para grupos delictivos y evitar la responsabilidad penal de las ITF ante la falta de control interno.

Es necesario analizar estos mecanismos de prevención para el cumplimiento normativo de las Fintech que deseen formar parte del nuevo Sistema Financiero Mexicano. Las aplicaciones tecnológicas son inherentes a la evolución del ser humano, y su llegada al sector financiero aumentó la cartera de clientes y actores interesados en estos servicios. La Ley para regular las Instituciones de Tecnología Financiera surgió como respuesta para evitar el lavado de dinero y financiamiento al terrorismo debido a la falta de regulación previa.

La SHCP y la CNBV participaron en la formulación de la regulación para brindar seguridad y certeza jurídica a los actores involucrados en las operaciones de las ITF. Esta regulación, junto con las Disposiciones de Carácter General, equipara en gran medida a las ITF con las normas aplicables a la banca comercial, lo cual implica una mayor facultad de vigilancia y sanciones por parte de la CNBV.

Tanto la Ley como las DCG son necesarias para dar certidumbre al ecosistema tecnológico. Es evidente que las empresas de tecnología financiera deberán invertir más capital para adaptarse a los requerimientos establecidos en estas normativas, de los cuales la CNBV estará pendiente.

REFERENCIAS

Acciones regulatorias por parte del Banco de México. 2020. https://www.banxico.org.mx/sistemas-de-pago/6--acciones-regulatorias-po.html. Recuperado el día 15 de Junio de 2021.

Ángel, Arturo. 2016. México falla en el combate al lavado de dinero: 80% de las investigaciones están sin resolver. https://www.animal politico.com/2016/09/combate-al-lavado-dinero-mexico-pierde-recursos-eficacia-sin - resolver-mas-del-80-los-casos/. Recuperado el día 09 de Noviembre de 2021.

Aparicio, Néstor y Requena, Carlos. 2020. La cultura de cumplimiento como elemento de tipo penal. México. Editorial Research Gate.

Banco de México. 2021. ¿Qué es un activo virtual? https://www.banxico.org.mx/sistemas-de-pago/1---que-es-un-activo-virtua.html. Recuperado el 15 de Enero de 2022.

Basel Institute on Governance.2020. Basel AML Index: 9th Public Edition Ranking money laundering and terrorist financing risks around the world. https://baselgovernance.org/sites/default/files/2020-07/basel_aml_index_2020_web.pdf. Consultado el 15 de Octubre de 2021.

Blanco Cordero, Ignacio. 2015. Responsabilidad penal de los empleados de la banca por el blanqueo de capitales. España. Editorial Alianza.

Capgemini. (15 de Enero de 2018). *Efma.* Recuperado el 22 de Abril de 2022, de World Fintech Report: https://www.capgemini.com/wp-content/uploads/2018/02/world-fintech-report-wftr-2018.pdf

Cardozo López, María Jesús. 2013. Blanqueo de capitales: Técnicas de blanqueo y relación con el sistema tributario. Madrid. Escuela de la Hacienda Pública del Instituto de estudios Fiscales.

Breaking Blockchain Open: Deloittes 2018 Global Blockchain Survey (2018); Deloitte <https://www2.deloitte.com/content/dam/Deloitte/cz/Documents/financial-services/cz-2018-deloitte-global-blockchain-survey.pdf>

Cfr. Ochoa, Maricela. 2019. "¿Hacia dónde va el blockchain financiero en México?"; México, IT Master.

Cipoletta Tomassian, Georgina; Matos, Adriana, 2018, Hechos estilizados sobre la inclusión financiera en América Latina, México, Editorial CEPAL.

CONDUSEF. 2020. Fintech: nuevas Instituciones Financieras, ¿Sabes qué tipo de servicios ofrecen? México. CONDUSEF.

Conferencia Gobierno de México del 04 de Marzo de 2020.

Corrales, Marcelo.2020. La Revolución de la Blockchain y los Smart Contracts. México. Mesan Abogados.

El Economista. Comercio electrónico en México, con valor de 505,000 millones de pesos en 2018: Euromonitor. https://www.eleconomista.com.mx/empresas/Comercio-electronico-en-Mexico-con-valor-de-505000-millones-de-pesos-en-2018-Euromonitor-20190516-0085.htm 16 de Mayo 2019.

European Securities and Markets Authority (2018): "The Distributed Ledger Technology Applied to Securities Markets"; UE.

European Securities and Markets Authority. 2018. The Distributed Ledger Technology Applied to Securities Markets. UE.

Finnovista, Radar Fintech, Incumbentes 2021, con fecha 06 de Diciembre de 2021, visto en https://bit.ly/34cC3Aw., consultado el 22 de Abril de 2022

Finnovista. 2020. El número de startups Fintech en México creció más de un 14% en un año, hasta las 441. https://www.finnovista.com/wpcontent/uploads/2020/05/FR-Mexico-2020.pdf. Recuperado el día 15 de Octubre de 2021.

Finnovista. Actualización FinTech Radar México. visto en https://www.finnovista.com/actualizacion-fintech-radar-mexico/. con fecha. 02 de Enero de 2017.

García Gibson, Ramón. 2009. Prevención del Lavado de Dinero. México. Instituto Nacional de Ciencias Penales.

Gluyas Millán, Ricardo. 2021. Prevención del lavado de dinero en modelos novedosos de tecnología financiera. México. INACIPE.

Gobierno de México, SHCP, Evaluación Nacional de Riesgos de Lavado de Dinero y Financiamiento al Terrorismo en México 2019- 2020, con fehca 01 de Enero de 2020 visto en https://www.uif.gob.mx/work/models/uif/comunicados/imp/ENR2019-2020.pdf, consultado el 22 de Abril del 2022

González Salgado, Oscar y García Nava, José Alberto. 2014. Aprenda a cuidar su dinero: el mundo de las finanzas a su alcance. México. Grupo Editorial Patria.

Grace, Katja. 2018. When will AI exceed human performance? Evidence from AI experts. EEUU. Yale University.

Gutiérrez, Fernando. 2021. UIF detecta a 12 plataformas ilegales de compraventa de activos virtuales. Visto en El Economista Online. Del día 28 de Julio de 2021. https://www.eleconomista.com.mx/sectorfinanciero/UIF-detecta-a-12-plataformas-ilegales-de-compraventa-de-activos-virtuales-20210728-0018.html. Consultado el 15 de Octubre de 2021.

Hileman, Garrick y Rauchs, Michel. 2017. Global Cryptocurrency Benchmarking Study. EEUU. Cambridge Centre for Alternative Finance.

Johnson Okhuysen, Eduardo. 2013. Equilibrio entre presión fiscal y justicia fiscal. México. Editorial Themis.

Juárez, Edgar, 2021. México tiene 512 fintech; sector creció 16% en un año. Visto en El economista online con fecha de 06 de Diciembre de 2021 < https://www.eleconomista.com.mx/sectorfinanciero/Crecio-16-el-numero-de-fintech-en-Mexico-durante-el-2021-ya-son-512-20211206-0044.html > consultado el día 01 de Julio de 2022.

Lozano Ulloa, Horacio. 2013. El Contador Público en su Carácter de Comisario. México. Editorial Instituto Mexicano de Contadores Públicos

Mantilla Molina, Roberto. 2001. Derecho Mercantil. México. Porrúa.

Márquez, Magi. 2017. ¿Cuáles son las actividades vulnerables? México. Contador Público, ISEF.

Martínez, Javier. 2018. Actividades vulnerables de México. México. Compliance México.

Medina Toledano, Guillermo. 2018. Postura ante la transformación digital en México. México. Planeta.

Menat, Rébecca. 2018. El Futuro es Fintech. México. Editorial Planeta, p. 112.

Muñoz Conde, Francisco. 2017. Teoría General del Delito. México. Tirant lo Blanch.

Nava, Diana. Nuevo reto de las Fintechs: La falta de profesionales calificados para prevenir el lavado de dinero. Visto en https://elfinanciero.com.mx/economia/nuevo-reto-de-las-fintechs-la-falta-de-profesionales-calificados-para-prevenir-lavado-de-dinero. 09 de Febrero de 2019.

Organización de las Naciones Unidas. 2021. Campaña Internacional contra el tráfico de drogas. https://digitallibrary.un.org/record/114498/files/a-conf-121-22-s.pdf. Recuperado el día 30 de Octubre.

Organización de las Naciones Unidas. Declaración sobre la lucha Contra el Narcotráfico y el Uso Indebido de Drogas. 2021. http://www.pnsd.msssi.gob.es/pnsd/legislacion/pdfestatal/i28.pdf. Recuperado el día 30 de Octubre

Ortíz de Montellano Velázquez, Daniel A. 2016. Incrementa el número de operaciones inusuales e internas preocupantes. México. Instituto Mexicano de Contadores Públicos.

Osorio y Nieto, César Augusto. 2012. Síntesis de derecho penal.México. Trillas.

Pereyra, Nicolás. 2012. La Responsabilidad Penal del Oficial de Cumplimiento. Uruguay. Universidad de Montevideo.

Pérez, Esteban Caldente; Titelman, Daniel. 2018. La inclusión financiera para la inserción productiva y el papel de la banca de desarrollo. México. Editorial CEPAL.

Porxas, Núria y Conejero, María. 2018. Tecnología Blockchain: funcionamiento, aplicaciones y retos jurídicos relacionados. México. Actualidad Jurídica Uría Menéndez.

Prado, Eduardo. 2018. Préstamos por Internet. México. Condusef.

Raguéz I. Vallés, R. 2013. Los procedimientos internos de denuncia como medida de prevención de delitos en la empresaBarcelona, España, Editorial Atelier.

Rodríguez Suárez, Santiago; Morales Rodríguez, Mariana. 2018. México: Nación Fintech Nuevos negocios y ecosistema en el sector financiero mexicano. México. Editorial Pro México y Bancomext.

Rodríguez Suárez, Santiago; Morales Rodríguez, Mariana. 2018. México: Nación Fintech Nuevos negocios y ecosistema en el sector financiero mexicano. México. Pro México y Bancomext.

Saldívar, Belén.El Economista. SAT considera los activos virtuales como actividad vulnerable en materia de lavado. https://www.eleconomista.com.mx/economia/SAT-considera-los-activos-virtuales-como-actividad-vulnerable-en-materia-de-lavado-20190908-0054.html. 09 de Septiembre de 2019.

Sánchez Ley, Laura; Castillo, Miriam y Melchor, Daniel. 2020. Lavar dinero en México: un delito del que se sale fácil. México. Mexicanos contra la corrupción y la impunidad.

Schwab, Klaus. 2020. La Cuarta Revolución Industrial. España. Editorial World Economic Forum.

Silva Nava, Aarón. 2017. La evolución del sector Fintech modelo de negocios, regulación y retos. México. Fundación de Estudios Financieros.

Szabo, Nick (1996): "Smart Contracts: Building Blocks for Digital Markets"; EEUU, UVA.

Toirrez Álvarez, Hernán. 2018. El sistema de seguridad jurídica en el Comercio Electrónico. Perú. Pontificia Universidad Católica del Perú.

Valencia Ramírez, Juan Pablo (2019): "Contratos Inteligentes"; México, Editorial SEICIT.

Valencia Ramírez, Juan Pablo. 2019. Contratos Inteligentes. México. SEICIT.

Verver y Vargas Funes, Carlos. 2018. El Oficial de Cumplimiento. México. Dossier.

Vidal Hernández, Arturo. 2017. Fintech: Tecnología Financiera. México. INCyTU.

Weidenslaufer, Christine. 2020. Regulación de Fintech en Chile y Colombia. Asesoría Técnica Parlamentaria. Chile. Biblioteca del Congreso Nacional de Chile.